HARD WORK

ハードワーク! グッドライフ!

新しい働き方に挑戦するための6つの対話

GOOD LIFE

著

山崎亮

1 ＝ 駒崎弘樹

2 ＝ 古田秘馬

3 ＝ 遠山正道

4 ＝ 馬場正尊

5 ＝ 柳澤大輔

6 ＝ 大南信也

学芸出版社

目次

ハードワーク！　グッドライフ！
新しい働き方に挑戦するための6つの対話

PROLOGUE

CONVERSATION 1

CONVERSATION 4

CONVERSATION 5

CONVERSATION 6

PROLOGUE

studio-Lが選んだ働き方

山崎亮

コミュニティデザイナー、(株)studio-L代表

やまざき りょう／1973年愛知県生まれ。地域の課題を地域に住む人たちが解決するためのコミュニティデザインに携わる。東北芸術工科大学教授(コミュニティデザイン学科長)、京都造形芸術大学教授(空間演出デザイン学科長)。著書に『コミュニティデザイン』『コミュニティデザインの時代』ほか

働き方が問われている

毎日きれいなオフィスに通って、たくさんの人に囲まれて仕事をしているけれど、このままの働き方でいいのか。目の前の仕事が、果たして本当に自分のやりたいことなのか——。

そんな漠然とした疑問を持って毎日を過ごしている方は、意外に多いだろう。最近よく、「誰かのためになる仕事がしたい」「給料のためではなく、大切な価値を生み出す『何か』のために働きたい」「人生を消耗させるためではなく、人生を豊かにするために働きたい」といった声を耳にする。

「はたらく」という言葉は「傍を楽にする」という意味を含んでいるという説がある。気の利いたシャレである。僕はこの説が好きだ。誰かを楽にする、楽しくすることが働くことであり、そこに対価が発生する。地域社会を少しずつ良くしていこうとする努力の積み重ねが働くということなのだろう。

とはいえ、経済優先の効率主義、いってみれば儲け主義が先行する現代社会においては、そうした衝動はお腹の下の、さらに下の方に沈めておかないと、どうも塩梅がよくない。それでもなお、「本当にこんな働き方でいいの?」「何のために働いているの?」という内なる心の声を消すことは難しい。会社の仕事が終わった後に社会貢献活動をしたり、週末起業をして会社の外で仲間づくりをしたり、試行錯誤を始めている人が増えている。それは、心の渇きのようなものをなんとか潤そうとする試みではないだろうか。

僕は「はたらく」ことを「傍を楽にすることを通じて、自分自身の価値を高めていくこと」だと捉えている。それを実現する組織が、僕にとっては二〇〇五年に独立して立ち上げた事務所studio-Lなのだ。有志四人の集まりからスタートし、コミュニティデザイン、つまり地域づくりのお手伝いをしてきた。この事務所に最近、大企業や官庁をわざわざ辞めて入ってくる人がいる。うまく続けられる人もいるし、途中で辞めてしまう人もいる。

原因はいろいろあるだろう。コミュニティデザインの現場では、地域の「おっちゃん」や「おばちゃん」たちとやりとりすることが多い。これまでの仕事相手とは全然違う論理で動く人たちばかりだ。頭で考えながら仕事をしてきた人たちが、心を通わせる仕事に慣れるのには時間がかかる。自分のキャリアやノウハウが通用しないことも出てくる。加えて、メンバー各人が個人事業主であり、チームでもあるような僕たちの働き方そのものに慣れるのも難しい。自立した個人として能力を高めるよう求められる仕事でもあり、スタジオのメンバーや仲間と協力してプロジェクトを遂行することも求められる。その結果、大きな組織での働き方からこの特殊な働き方へと円滑に移行できない人が出てしまうようだ。

そもそも、彼らはなぜ、一流とされる大学を出て有名な企業に勤めていながら、生活の安定を投げうってまで studio-L に合流しようと思ったのだろう。コミュニティデザインという新しい仕事に魅力を感じてくれたのだとは思う。そのこと自体はうれしいのだが、もっと根本的な問題が潜んでいるように感じることがある。大企業に勤めている人や辞めた人たちの話に耳を傾けていると、大きな企業ほど、これまで通りのやり方では、人づくりや組織づくりがうまくいかなくなってきているように感じるのである。働き方のどこかに破綻が生じたり、働いている人々が疲弊している部分があるのではないだろうか。余計なお世話かもしれないけれど、そうした従来の働き方を掘り下げて考えてみることで、studio-L に合流してくる人や新しい働き方を探ろうとしている人たちがぶつかる問題の根底にあるものが見えてくるかもしれないとも思う。

考えてみれば、都市にある企業はもともと、農村の集落のイメージを引きずりながら企業内部にコミュニティをつくってきた側面がある。たとえば、年功序列は自治会長がいて、年長者を立てる農村のやり方をお手本にしたんじゃないかという気がしてならない。広井良典さんは、著書『コミュニティを問いなおす』（筑摩書房、二〇〇九）で、「農村から都市に移った人々は、カイシャと核家族という〝都市の中の農村（ムラ社会）〟をつくっていったといえる」と述べている。確かに「集落のような会社」は、農村から出てきた人びとが集まって仕事をしていくうえで、ある時期まではうまく機能していたかもしれない。ただ、二〇〇八年のリーマンショック以降、グローバル経済のひずみが露わになる等、会社を取り巻く環境は大きく変わった。少子高齢化が進み、労働人口のピラミッドが崩れるなか、「集落のような会社」はもはや幻想にすぎない。飲みニュケーションが通じなくなり、若者が何を考えているかわからないと管理職がぼやく。正規・非正規と社員の階層が分かれ、数字に追われるなかで、働く人たちはモチベーションを保てなくなっている。

そもそも、もう長い間、農村のコミュニティそのものが崩れ続けている。僕たちが仕事のフィールドにしている中山間離島地域では、若者がインターネットを使って情報を得るようになってから、より広い世界に興味を持ち、彼らの地域離れが進んでいる。都市への人口流出が止まらず、地域は働き手を失っている。会社がモデルとした農村型コミュニティの若者でさえ流動化しているのである。会社において若者の流動化が始まったとしても不思議ではないだろう。

とすれば、今後は都市にある企業内の農村型コミュニティにも、これまでにない「人がつながる仕組み」や新たな人事マネジメントが必要になってくるだろう。企業の枠を超えて、周辺地域とのつながりを強化する、異業他社とコラボレーションする、外部の人材と面白いチームを組むなど、アイデアは山ほどある。もしかしたら、これまでには考えられなかったような取り組みによって、社員が生き生きと働く企業が出現するかもしれない。一人ひとりの幸せややりがいが満たされるとともに、地域や社会や世界に役立つ働きを実現する循環が生まれるかもしれない。

高め合う個集団、studio-L

ここで、僕たちなりの働き方とはどんなものかなのかを紹介したい。

僕たちは、どこにも所属しない「フリーランス」と、会社組織で働く「会社員」とのちょうど中間くらいの立ち位置で仕事をしている。個人事業主が集まってプロジェクトごとにチームを組む働き方だ。一人ひとりが自由な発想と高いモチベーションを抱えながら、一人では実現できないような大きな仕事にも取り組めるよう、集団で協働する。studio-Lは、「互いを高め合いながら協働す

現在の studio-L 大阪事務所

る個の集団」だ。

実は、そうした前例がはるか昔にあった。

中世（一二～一三世紀頃）の時代に、靴やカバンの職人たちが集まってつくった、西欧の手工業的ギルド集団だ。職人は全員、個人事業主として働きながら、互いに敵対するのではなく、同じ職能をもった職人として切磋琢磨しながら、自分たちのギルドの価値を高めていった。その結果、「あのギルドに頼んだらいい製品が手に入る」という信用が生まれ、次々と仕事が舞い込む。こうした循環のなかで、ベテランのマイスター（親方）は、新人に惜しみなく技術を教えるのだ。本来、たがいに個人事業主だから、秘策を教えて相手が発注を受ければ、自分が手にするはずだった報酬を奪われてしまう。それでも、その新人が新しい技術を身につけたら、自分も教えてもらうことができる。もちつもたれつの関係で発展していったのだ。

世界史に詳しい方なら、ギルドがその後、特権を持ち始めて排他的になったり、独自に価格を操作したりしたことから負のイメージが強くなったことをご存じだろう。中世後期には批判が高まって、ギルドは廃れていった。ところが、一九世紀に入ると職人集団としてのギルドの働き方が見直されていく。

「健全なギルドの働き方は一つの理想になるのではないか」。批評家のジョン・ラスキンたちがそう言い始めるのだ。産業革命によって人間が工場の一部のように働かされるようになり、ほとんど姿を消していたギルドという働き方が再発見されたのだろう。ラスキンは、「人々が仕事のなかに喜びを見つけ出せる社会をつくりだすことが大事」と言い続けた人だ。その影響をうけた一九世紀末のデザイナー、ウィリアム・モリスをはじめ、モリスが主導したアーツアンドクラフツ運動（美術工芸運動）の流れを汲む人たちやアメリカの建築家、フランク・ロイド・ライド等も「いいぞ」と言い始める。

先人たちにすっかり影響を受けた僕たちは今、studio-Lのロゴに「The Community Designers' Guild」というコピーを添えている。これは、コミュニティデザインをやると決めた人たちが集まったギルドだぞ、という意思表明でもある。

志を同じくする仲間が一つにまとまった

studio-Lを立ち上げるにあたっては、ラスキンの影響を受けたウィリアム・モリスたちの活動がとても参考になった。モリスは、二二歳で大学を卒業し、建築家の事務所で働くことになるのだが、ここでフィリップ・ウェッブという主任建築士と出会って意気投合する。モリスは設計事務所で働きつつも、友人たちと同人誌を発刊し、詩や小説を発表し始める。設計事務所は九カ月で辞めてしまい、その後は仲間たちと好きなように家具をつくったり、内装の仕事をしたりするようになる。

二五歳の時に結婚したモリスは、相続した土地に自宅を建てる。この時、小さくも楽しい仕事をともにしてきた仲間が集まる。土地の選定や住宅の設計はウェッブが担当し、家具の制作や内装はほかの仲間が無償で手伝った。その過程で、自分たちが欲しいと思える家具や壁紙のテキスタイルがないという話になり、手仕事で全部つくってしまう。そこから美しくも実用的な製品が生まれ、しまいには会社を立ち上げてしまう。

つまり、モリスの家づくりを手伝っていた仲間八人が、ああしたい、こうしたいと試行錯誤しながら創り上げた趣味感覚の手仕事が、当時大量に出回っていた規格品とは違う魅力を持ち始め、価値を生み、その活動がそのまま会社になり、その後ビジネスとしても軌道にのっていった、というわけだ。

僕がコミュニティデザインにかかわる会社を立ち上げた時も、似た経過をたどった。当時、「人と人とをつなぐデザイン事務所」といっても、そういうものが世の中に存在しなかったため、相当胡散臭い会社だと思われた。誰に何度説明しても理解してもらえない。そこで、まずは信頼できる仲間たちと一つのプロジェクトに没頭し、実践し、そこで体験したことや苦労したことを整理しつつ、情報発信することで、次第に周りの理解を得ていった。

具体的には、二〇〇一年に studio-L の前身となる「生活スタジオ」というチームを立ち上げたことから始まる。これは非営利活動だったのだが、名前からして「生きること（Life）」という言葉を大切にしていたラスキンの影響を受けている。

「Life こそが重要である」と言う名前を掲げた生活スタジオは、大阪府堺市の環濠地区を対象にフィールドワークを始め、やがて誰に頼まれたわけでもないのに堺市の将来像について具体的なデザインを検討し始めた。そのうち、モリスたちの真似をして『環濠生活』という同人誌を発行し、クラブのイベントで都市再生を提案したりした。これらは全くの自主的活動であり、僕たちにとっては遊びの延長だった。メンバーはそれぞれ、自分が属する会社の仕事をしながら、就業後や週末を使い、時に睡眠時間を削りながら活動を盛り上げていった。そうするうちに、商店街のおっちゃん、おばちゃんたちに馴染みの人も出てきて、「それなら商店街の看板をデザインしてよ」「ホームページもデザインしてよ」と頼まれはじめた。

僕自身は、当時所属していた建築設計事務所に勤めながら活動していたため時間的な制約はあったが、何に取り組んでも面白くて、寝ずに作業したいと思うほどだった。仲間たちも余暇のほとんどを、この「見よう見まねのまちづくり活動」に充てていた。一三人が集まって、時間を忘れてレイアウトにこだわったり、デザインに趣向を凝らしたり、一つひとつ工夫することが楽しかった。できあがった作品をみて興奮して大騒ぎする等、ほとんどサークルのノリだ。もちろん、対価が発生しないから楽しんでできた側面もあるが、この活動は五年も続き、チーム名の通り、Life を楽しめる場に育っていった。そのうち、「こんなふうに働いて食べていけたらいいよね」という声が出るようになった。

「じゃあ、このまま会社にしてしまおう」。

僕が建築設計事務所を辞めて会社を立ち上げると、四人の仲間が合流してくれた。僕たちはこのころから「コミュニティデザイナーズ・ギルド」という意識があって、全員が出来高払いの個人事業主としてスタートした。モリスの自邸づくりも、僕たちの趣味活動の延長としてのまちづくり活動もそうだが、「自分たちはこうしたい！」という純粋な動機から始まっている。お金儲けがしたい、

4人の立ち上げメンバー

安定した給料をもらいたいという動機で始まったわけではない。

現代の職人集団〝ギルド〟を目ざす

studio-L は個人事業主の集合体とはいえ、いちおう株式会社として会社登記はしている。僕が社長になってはいるが、ほかに社員はいない。その他のメンバー全員が個人事業主であり、個人事業主の寄り合いが studio-L というチームになのだ。純粋に、自分たちができることを、個人個人でこだわり、最後まで自らの手でつくりあげていく。報酬は働いた人が働いた分だけもらう。繰り返しになるが、お手本としているのは、一九世紀的なギルドだ。ギルドでは、熟練していない職人は修行しなくては食べていけない。そのため、「マイスター（親方）」「職人」、外部から手伝う「協力者」という三種類の役割に分かれて仕事を進めていた。

studio-L の組織も同様に、「プロジェクトリーダー」「スタッフ」「外部協力者」の三つに分かれている。コア

立ち上げた頃の事務所（2005 年頃）

メンバーを含むプロジェクトリーダーは、スタッフから授業料を取らずに教育しつつ、実地訓練を繰り返しながら仕事を進めている。スタッフが修行中の場合は得られるお金も少ないが、実力をつけるとチーム内から発注される仕事が増え、徐々に手にするお金も増えていく。

僕がなぜ、普通の会社のように従業員ではなく、「個」が集まるチームの形態にしたかというと、実はコミュニティデザインという仕事の中身にも関係している。中山間地域をはじめとする地域に入ると、仕事相手として関わることになるのはほとんどが個人事業主だ。農家のおっちゃんも、旅館のおばちゃんも、みんな個人事業主なのである。プロジェクトを進めていくと、最後の最後にこう言われることがある。

「そんなこと言ったって、あんたは黙っていても給料をもらえるんやろ？ 私らは、あした食っていけるかどうか、わからへんのよ」。

これは行政の人に突き付けられる言葉と同じである。

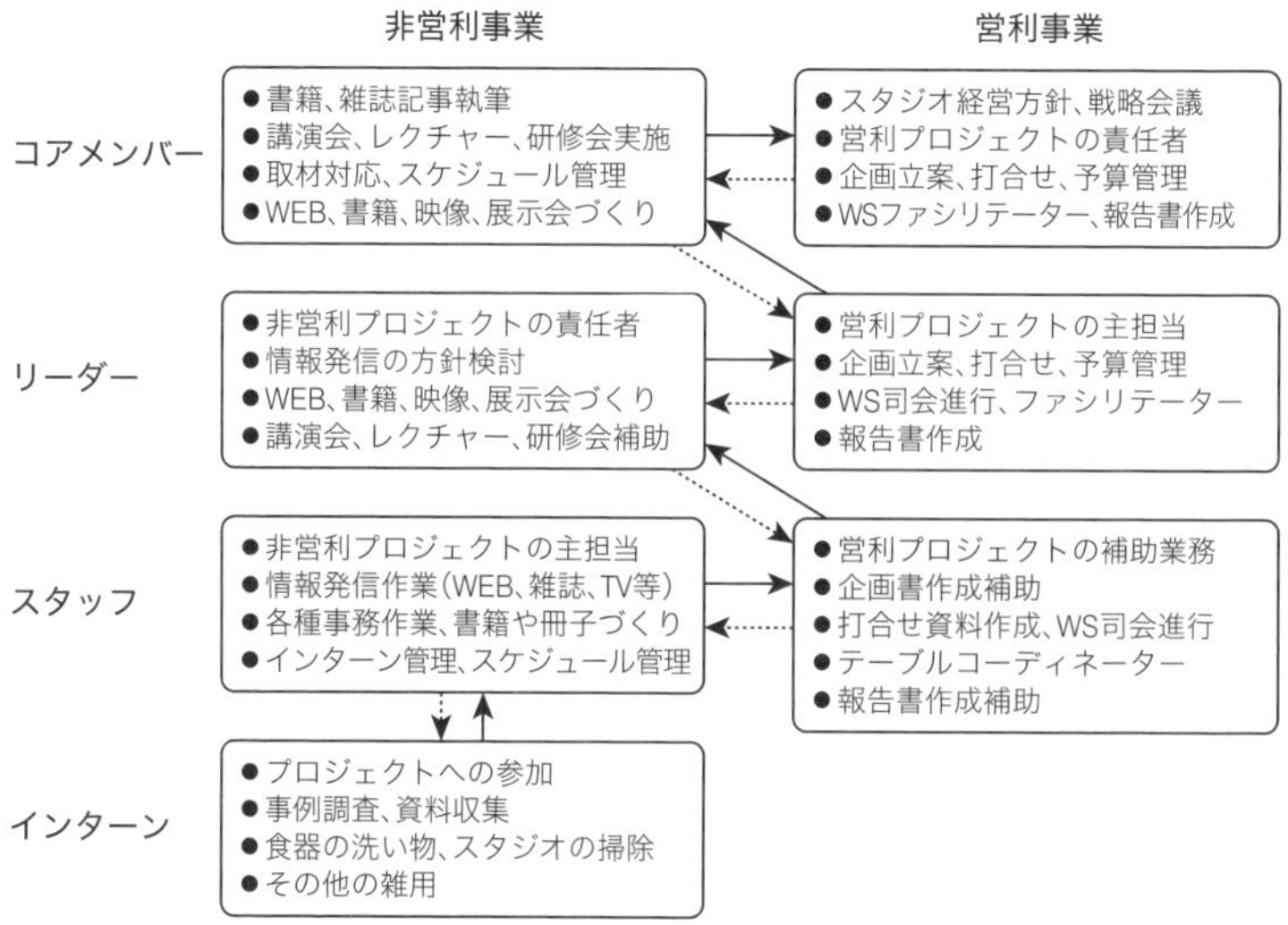

非営利事業
営利事業
コアメンバー
●書籍、雑誌記事執筆
●講演会、レクチャー、研修会実施
●取材対応、スケジュール管理
●WEB、書籍、映像、展示会づくり
●スタジオ経営方針、戦略会議
●営利プロジェクトの責任者
●企画立案、打合せ、予算管理
●WSファシリテーター、報告書作成
リーダー
●非営利プロジェクトの責任者
●情報発信の方針検討
●WEB、書籍、映像、展示会づくり
●講演会、レクチャー、研修会補助
●営利プロジェクトの主担当
●企画立案、打合せ、予算管理
●WS司会進行、ファシリテーター
●報告書作成
スタッフ
●非営利プロジェクトの主担当
●情報発信作業（WEB、雑誌、TV等）
●各種事務作業、書籍や冊子づくり
●インターン管理、スケジュール管理
●営利プロジェクトの補助業務
●企画書作成補助
●打合せ資料作成、WS司会進行
●テーブルコーディネーター
●報告書作成補助
インターン
●プロジェクトへの参加
●事例調査、資料収集
●食器の洗い物、スタジオの掃除
●その他の雑用

studio-L の組織図

行政の人が地域に入って、プロジェクトの理念や事業の意義等も含めていろいろ伝えても、最後の最後で「あんたは結局、私らの税金から給料をもらってるんやろ?」と突っ込まれると、二の句が継げなくなってしまう。そうすると、スムーズに事を進めていくのが難しくなる。だから、「僕も一緒です」と言えるかどうかは大事なことなのだ。「僕だって来年、仕事があるかどうかわかりません。みなさんと同じように、年度末には確定申告に苦しんでいます」。そんなやりとりができるかどうかで、こちらの言葉が届くかどうかが決まったりする。そのためにも、僕たち自身が独立した働き方をしていることが重要なのだ。コミュニティデザインの現場では、生活も仕事もひっくるめて「覚悟」が問われる。

もう一つ大切なことは、スタッフがその場で決裁できるかどうか。様々なアイデアが出るなかで方向性を決めなければならない時に、「持ち帰って、上司に確認してきます」と答えていては、相手のモチベーションが下がってしまう。住民たちがプロジェクトを推進しようとする熱が冷めてしまうのだ。

独立していれば、自分の仕事への責任感が強くなる。現場で自分が下した意思決定がプロジェクトを成功に導くか失敗に導くかを決める影響力を持つこともある。それだけではない。個人事業主として、株式会社studio-Lから来年も仕事を受注できるか、死活問題に直結しているのだ。

こういう背景があることで、なんとしてもいい結果を残して責任を全うしよう、と誰もが思う。これが会社に属していると、プロジェクトとしてそれほど成果が出なくても、いきなり首を切られることはまずないだろう。「次にがんばればいいか」という気分も生まれるかもしれない。でも、個人事業主は次に仕事が来なかったら、文字通り「次はない」のだ。仕事に取り組む緊張感は否応なく高くなるだろう。

こうして本気で取り組めば、多くの学びがあり、プロジェクトの成果にもつながり、自分自身の価値を高めることもできる。その結果、プロジェクトリーダーからの発注依頼も増える。なにより、やらされ仕事ではなく、みずから主体的に関わるから、のめり込んで面白くなる。僕は基本的に、働き方と成果は連関していると考えている。コミュニティデザイナーとして地域に役立つ仕事をするためには、それを成立させるための新たな働き方が必要になるはずだ。

始まりは大学の研究室のような職場

僕たちは日々、大学の研究室をそのまま事務所にしたような職場で働いている。studio-L には長く続く本棚がある。プロジェクトに取り組むとなると、担当者は関連する事例を最低でも一〇〇は調べる。医療・福祉系のまちづくりなら、似たような全国の取り組みを調べ上げて、一〇〇枚の事例シートつくる。そのうちこれは面白いと思う事例を一〇選んでさらに調べる。インターネットか

事務所の本棚

らではなく、書籍や論文、新聞等、信憑性のあるデータを集めて、一〇の事例それぞれに、三枚くらいのレポートをつくる。その過程で、たいてい三つくらいは「すごい!」という事例が見つかる。その三つの事例については、実際に現地まで足を運んで、関係者に直接ヒアリングさせてもらう。そうすると、最初に挙げた一〇〇の事例と、少し詳しく調べた一〇の事例と、選りすぐりの三事例に関する情報が頭に入ることになる。そこまでやってから現場でのワークショップに入るのだ。

とはいえ、ワークショップで出る意見に全て答えられるわけではない。勉強に終わりはない。担当者は机の上に本をタワーのように積んでいき、関係するスタッフは誰もが関連書籍を全て読んでおくのが前提だ。「あの本の、あのページの、あれがさあ……」。そんなふうに話しても、情報を共有していれば話は進む。そんな時に、ちょっとわからないという顔をしているスタッフがいたら、「あの本、読んでないの?」とプロジェクトリーダーに指摘される。

そんな事務所だから、全員が気の済むまで事例を研究する。それから現場に出て、資料をつくって、現場の反応を見て、また研究を重ねる——。それをずっとやり続けるのだ。

「個」として立っている人たちの集まりだから、どこまで突き詰めるのか、どこで休むのかは、それぞれが自主的に決める。ただ、同じチームの一員である意識を持つために事務所を構え、情報は共有している。こうした組織だからこそ、常に高いモチベーションを保ちながら、時に楽しく、時に必死に、仕事ができているだろうと思っている。

そして「ライフ・イズ・ワーク」な日常

ある人から、「山崎さんたちみたいな働き方、生き方は、『ハードワーク・ハードライフ』じゃないか」と言われたことがある。やりたいことを掘り下げるために二四時間を使い、時には寝ないでプロジェクトに没頭する働き方についての指摘だった。

学びが遊びなのか、遊びが学びなのか。仕事なのか趣味なのか。一日を輪切りにしてみると、どの瞬間も「Work」（働くこと）とも「Life」（生きること）とも区別がつかない。その意味では、ハードワークであり、ハードライフでもある。いつも楽しく仕事をしようと思っている意欲的な人たちと協働していく。そんなギルド的な働き方が理想だなと、ずっと思ってきた。だから、僕たちの感覚からすれば、常に一生懸命だけど辛いという感覚はない。

たとえばプロサッカー選手を思い浮かべてみよう。もっと強いチームをつくりたい、もっとうまくなりたい。トップチームに残っているのは、そんなふうに強く思う選手ばかりだろう。だからプラスになると思えば、練習時間が終わっても戦術の研究をしたり、相手チームの分析をしたり、自主トレーニングに励んだり。研究熱心な選手ならば、メンタルトレーニングの方法を試し、人に話を聞きに行き……。どこまでも追求していくだろう。誰に言われたからではなく、あくまでもサッカーが好きだから、そして強くなりたいから。では、そうしたことを「ワーク」ととらえ、「時間外労働だから、残業手当をくれ」という選手がいるだろうか？　もちろん、そういう契約にはなっていないだろうが、自ら望んで「ああしてみよう」「こうしてみよう」と試行錯誤するプレイヤーは自立しているから、誰かが制したとしても、目指すところに向かってどんどん進んでいくだろう。

コミュニティデザインは、サッカーのように勝負の世界ではない。それでも、一つひとつのプロジェクトに思い入れを持って結果を残そうと全力で取り組むという意味では、サッカー選手と変わらないと思う。しかも、個々が仕事におけるクオリティを常に高めていこうと努力するチームとして挑むところも似ている。

きっと僕たちの場合、ライフにはワーク以外の部分もあるが、ワークに関連したさまざまなことも含んでいる。ほとんど「ワーク・イズ・ライフ」といえるような働き方であり生き方である。

採用後も働き続けるのは一〇〇人のうち二人

ただ、このように特殊な働き方を外から合流する人が理解するまでには時間がかかる。最近はコミュニティデザインに興味を持ってくれる人が増えただけに、人選は毎度のことながら大変だ。

studio-L では一般の求人広告は出さない。そのかわり、僕がフェイスブックやツイッターで「合流して一緒に働きたい人、募集します」とつぶやく。それも、金曜日の深夜一一時か一二時ぐらいの、みんなが遊んでいる時間帯に情報を流すようにしている。そんな時間帯でも飲みにいったりしないで、日本のこれからのことを考えて悶々としている人がいるなら、ぜひ一緒に仕事したいと思うからだ。

そうすると、一週間で一〇〇人くらいの応募がある。この人たちに、studio-L の働き方についてまとめたA4用紙一枚を添付してメールで送る。「個人事業主として働いてもらいます」「就職じゃなくて、合流ですよ」と伝えると、応募者は潮が引くようにさーっと減っていく。一〇〇人のうち八割ぐらいが「そんな働き方なら無理です」と辞退するのだ。

この段階で、応募してくれる人自身が、僕たちの独特の働き方と既存の働き方とを天秤にかけ、自分の特性を見極めたうえで「やっぱり無理」とか「面白そうだ」と判断する。この自然力学みたいなものを重視している。これはその後、実際に働いていく時の温度につながっていく。最後に、それでも働きたいという一〇人とプロジェクトリーダーが面接して、一緒に働けそうだと思う五人ぐらいに絞り込んでいく。

合流一年目は無報酬となる理由

こうしてstudio-Lに合流することになったら、まずは全員インターンからスタートしてもらう。僕たちがその人に何ができるかを知るためでもあり、その人が僕たちの働き方を判断するためでもある。

インターンがいきなり営利事業の現場にデビューすることはない。まずは非営利事業の現場で力を試してもらう。個人事業主として独立したわけだから、まずは自分の力を仲間に知ってもらうことから始めるのはある意味で当然だろう。そこで実力を認められれば、すぐにスタッフとして営利事業を担当する。さらに実力が認められれば、プロジェクトを任されるリーダーになることもある。リーダーになると、何人かのスタッフに仕事を発注してチームをつくって現場へ赴く。

インターンの時期は無収入になるため、スタッフとして認められるまでの生活手段を考えて合流しなければならない。また、スタッフになっても、自分が担当した業務の支払いがあるまでは自分の収入もない。地方自治体の仕事が多いstudio-Lの場合、行政からの支払いはほとんどが年度末になる。だからスタッフもプロジェクトリーダーも、行政からの支払いがあるまでは前年度に得た収入で仕事をし、生活する。そのため、実質合流して一年程はほとんど無報酬で過ごす状況となる。だから合流前に「一年間は暮らしていけるだけの貯金があるか」を必ず確認する。個人事業主として独立しようとしている人が、一年分の生活費を貯蓄していないとすれば、それは少し大胆すぎるというものかもしれない。一般的に独立して仕事を始める人と同じだけの覚悟は必要なのである。こうして、もっとも厳しい最初の約一年を耐えぬくのは合流した五人のうち二人くらい。残りは「やっぱり無理でした」と言って辞めていく。

つまり、僕たちの事務所は一〇〇人応募してきても二人くらいしか続けられない会社だということだ。僕たちの仕事に興味を持ってくれた人なのだから、なるべくみんなと働き、生きていきたいのだが、結果的に二%の人しか残らない。働き方が成果に結びつくと思うからこそ、現場で地域住民の方々に迷惑をかけないよう、日々努力し、覚悟を決め、全力で地域を応援する人を探しているのだが、続けて働いてくれる人は少なくなってしまう。しかし、だからこそ残った人たちの結束力は高い。とてつもなくモチベーションが高い。一生付き合いたいと思

11 人のプロジェクトリーダー（2014）

える仲間が集まっている。

そんなstudio-Lで働く場合、まずは一つでもいいから他の人に負けない能力を持つことが重要になる。それがないとプロジェクトリーダーから仕事が発注されない。たとえば、事務所にはグラフィックデザイナーが三人いるが、外部のデザイナーの方がいいものをつくれるとなれば、プロジェクトリーダーは外部に発注することもできる。そこに義理はない。仕事が遅かったり、デザインが下手なのに、メンバーだからという だけで仕事が回ってくることはない。

一方で、質の高い仕事ができるようになれば、いつも仕事があり、活躍できる。また、studio-Lというギルド的集団のなかで、ともに働いているからこそ分かる個性が浮き出てくる。「Aさんは○○を得意とする」「いざとなれば寝ないで仕事をやり遂げるのはBさん」「Cさんはフォローがうまい」「DさんとEさんは相性がいいから、仕事を組むとうまくいく」といった具合だ。プロジェクトリーダーは各人の能力や個性を見極め、柔軟かつ的確にチームを組みながら仕事を進めていく。こうした経験が積み重なると、仲間が共有する経験値が高まり、それがスタジオ全体の組織運営を下支えしているような気がする。

報酬の仕組み

報酬のフローについても説明しよう。studio-Lには営業マンがいない。一つひとつのプロジェクトを取ってきた人が、「営業費」として受注額の一割を受け取る。また、その仕事を実際の企画として実現させる人にも、受注額の一割にあたる「企画費」が支払われる。

わかりやすくたとえれば、あるスタッフが一千万円でプロジェクトを受注して、自分で企画も進めるとすると、営業費と企画費を合わせて、まず二〇〇万円を受け取る。そこから、studio-L 共通の経費として二〇〇万円の「法人管理費」と「事務所費」を差し引いた残りが、プロジェクトの実行予算となる。これをどう使うかは、プロジェクトリーダーの裁量に任されている。

たとえば、グラフィックデザインはスタッフのAさん、ワークショップのファシリテーションはBさんというように、個別に仕事を依頼する。その際、報酬も交渉で決める。もちろん、外部のネットワークに有能な人材がいれば、その人に依頼すればよい。あるいは、事務所内に育てたい人がいれば、投資をするつもりで仕事を任せる。その人が力をつければ、将来的には仕事を進める有力なパートナーになるかもしれない。

こんなふうに、予算の使い方も、人の采配も、仕事の振り分けも、全てプロジェクトリーダーが決める。もちろん、僕もスタッフの一人として仕事を請け負うことがある。「ワークショップの最初と最後はビシッと締めて

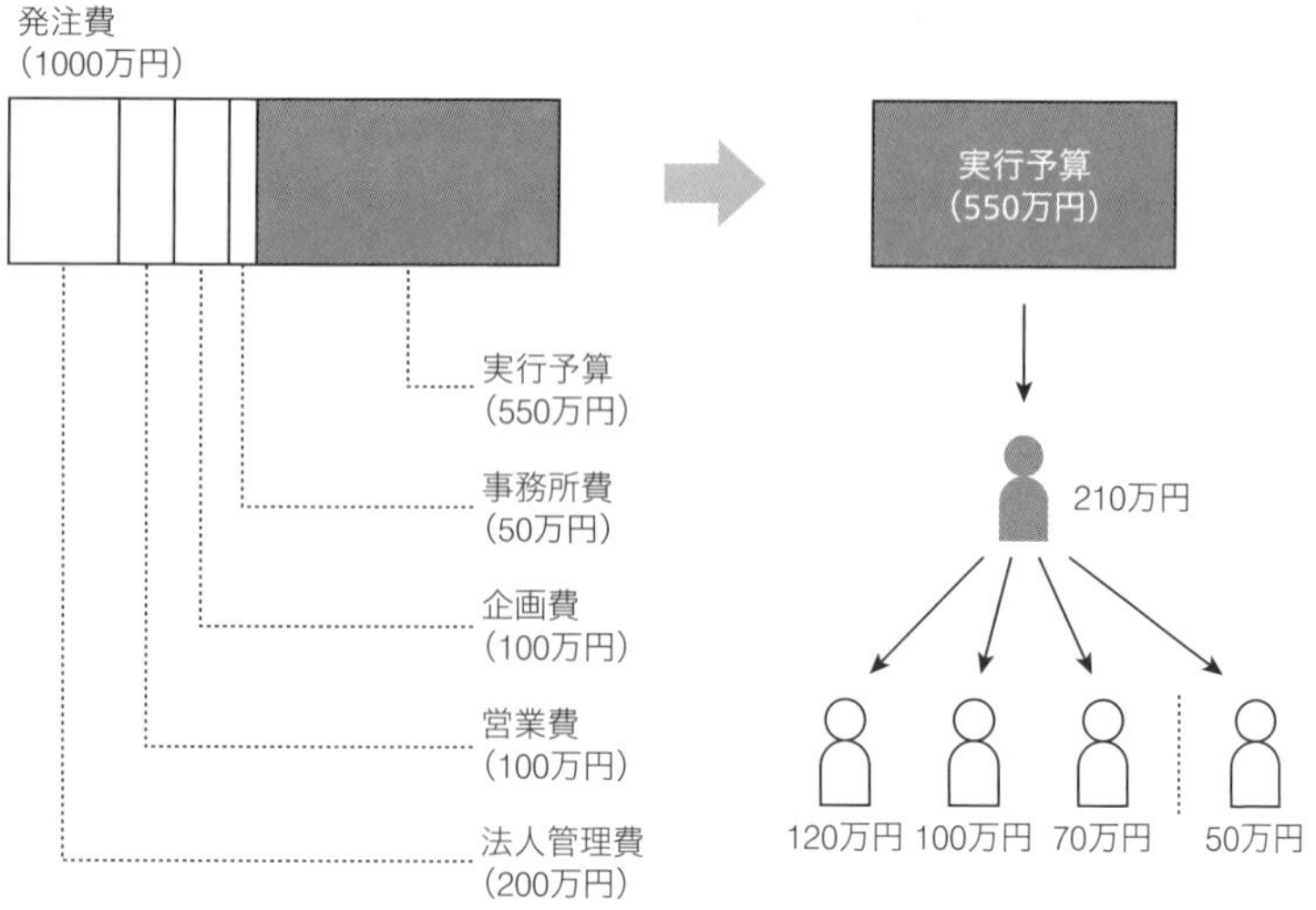

発注費
(1000万円)
実行予算
(550万円)
事務所費
(50万円)
企画費
(100万円)
営業費
(100万円)
法人管理費
(200万円)
実行予算
(550万円)
210万円
120万円
100万円
70万円
50万円

報酬のフロー

ほしいので、うちのチームを手伝ってもらえませんか」。そんな依頼を受けると、金額の交渉がはじまる。たとえば、「すみません、今回は一〇万円でお願いできませんか」と言われて、「了解。でも次は、僕もあなたに安くやってもらうからね」なんて取り引きしたりする。

各人は発注された金額を使いきらず、節約すればするほど自分の所得が増える。これは個人事業主なら誰もが工夫している点だ。安い旅館に泊まったり夜行バスで移動したりして、少しでも節約すると、自由に使えるお金が増える。また、しっかり仕事をやり遂げれば、翌年もまた仕事が続くことも多い。コミュニティデザインの業務は三年ほど続く継続業務が多いため、成果を出していればスタジオ内でも継続して発注されることになる。

そもそも人は何のために働くのか。人生の時間の大半を占めることになる「働く」行為を楽しまなければならない、というのがジョン・ラスキンやウィリアム・モリスの考えだった。地域の人たちと一緒に活動するのが楽しい。自分が成長するのも楽しい。関わった人たちから感謝されるのも楽しい。「どうせやるなら、仕事は楽しく！」。僕たちもまた、これを基本にしている。そうでなければ、コミュニティデザインの現場に関わってくれている地域住民が活動を楽しむことは難しいだろう。「楽しさ」は仕事にとって重要な要素なのだ。

熱意を削ぐ「分業」システム

では、大きな会社や組織での仕事はなぜ、楽しくないことが多いのだろう。

大企業に就職した人のなかには一年目は嬉々として名刺交換しているのだが、三年くらい経つと、会社の愚痴しか言わなくなる人がいる。上司がどうとか、給料がどうとか言うのを聞くと、寂しい気持ちになることが多い。大きな組織にいると、若いうちはプロジェクトの全体像がわからないまま、細切れになった部分だけを担当していることが多いのだろう。任される範囲が小さければ、当然、モチベーションは上がらない。分業が進むにつれて仕事が細分化され、仕事全体に関わった達成感や満足感を得にくくなっているのだ。

ああでもない、こうでもないと試行錯誤ができるのが仕事の楽しさなのだ、とラスキンは言っている。「自分がこう工夫してみたらこういう成果がでるかもしれない」というように試せる範囲が広ければ広いほど、仕事は楽しくなる。

やりがいを見いだせないなかで、さらに経費削減を言い渡されたら、誰だって面白くない。でも、どこまで経費を使うか、抑えるかを自分の裁量で決められる働き方には、そうした不満が少ない。たとえば、グリーン車で移動したい時は、思いのままに乗ればいい。一万円以上の温泉宿に泊まったってかまわない。その分、普段は手みやげ一つで友達の家に泊めてもらって宿代を浮かせるとか、それなりに節約の努力もする。経費をやりくりする感覚が身に付けば、一人でほとんどのことを決められる働き方はストレスが少なくて済む。誰かにこれをやれ、あれをやれと指示された枠のなかでしか仕事ができないと、試行錯誤が少なくなり、仕事が単なる作業に近づいていく。それはつまらない。失敗を重ね、試行錯誤を続ける自由を担保するには、今のような働き方がいいという結論に達したわけだ。

コミュニティデザインの現場でも、「分業しない」ことを大事にしている。地域で活動する地元の人たちは、普段の仕事で分業を強いられて、満ち足りない部分を抱えていることが多いだろう。それなのにまちづくりでもまた分業すると、関わろうとする気持ちが萎えてしまう場合があるからだ。なるべく課題の発見から対策の検討、生まれたアイデアを実現するための準備と実行、そして課題が見つかれば、それを次の企画に反映させる、そういう循環全体に関わってもらう。そのなかでやりがいや充実感を見つけ出してもらいたいと考えている。

studio-L の働き方も同じだ。営業、企画、調査、ワークショップ運営、計画策定、活動支援、デザイン、報告書作成等、一つのプロジェクトでも様々な仕事がある。こうした仕事群をなるべく一人で進められることを目指している。実際にはすべてを一人で進めるのが難しい規模の仕事が多いものの、やろうと思えばすべての工程を一人で進める能力をスタッフ全員が持っておきたいと考えている。

プロジェクトに関わる住民にとっても、コミュニティデザイナーとして関わる studio-L のスタッフにとっても、分業しないことは熱意を分散させないために重要なポイントになっている。

全ては、ラスキンらが提唱していたギルド的な働き方を手本にしている。短期的な儲けだけを考えたら、僕たちの働き方は不器用なものだと感じる人がいるかもしれない。そんなことでグローバル社会を乗り越えていけるのか、と疑問に思う人もいるかもしれない。確かに、このやり方をとったからといって売上が劇的に伸びることは期待できないだろう。

それでも僕は、この働き方が気に入っている。分業せずに、一人ずつができることを増やし続けて、互いに相手の得意分野を尊敬しながら一緒に働くことができれば、いつでも試行錯誤したり、工夫したりすることができる。そこにこそ、楽しみが生まれる。また、こうした働き方に価値を見出している人たちが集まっているので、それぞれが深く仕事に関われている限り、モチベーションが高い集団であり続けられるだろう。

studio-L が直面している課題

とはいえ、僕たちにも悩みが出てきた。

コミュニティデザインの仕事が少しずつ世間に知られ、自治体等からの発注が増えてきた。現在、約八〇のプロジェクトを手がけている。仕事の規模も大きくなってきた。

仕事の量に比例して、少しずつ人も増やしてきた。今は立ち上げ当初のコアメンバーを含むプロジェクトリーダーが一一人、スタッフが二〇人、インターンも含めると全部で四〇人弱の組織になっている。

正直なところ、組織は今以上に大きくしたくはない。けれど、求められる仕事は目の前にどんどん積み上がってくる。よいチームで仕事ができる環境を整えたり、地域の人たちと価値観を共有したり、ちょっとでも美しいものをつくりたいとこだわったり、そういう考え方で運営していると、そんなにたくさんの仕事はできない。だから一人あたりの業務が増えすぎないようにするためには、人を増やすほかない。

事務所は大阪、茂木、山形、立川の四カ所。昔のギルドのように顔の見える関係を大事にしたいので、スタッフの数は一つの事務所あたり一〇人未満が理想である。もちろん、今は便利なツールがあるから、情報共有は昔とは比べものにならないほど便利になった。だから、もう少し人員を増やしてもやっていけないことはないだろう。実際、大阪事務所は一〇人では収まりきらなくなってしまっている。ただ、息を合わせたチームプレイをするには、一〇人を超えると見えなくなるものが出てくる気がしているのだ。

その意味で、「studio-L という組織は今、際どいところにきている」という危機感が僕にはある。つい二年ほど前までは、組織全体で二〇人に満たなかったことを思えば、急激な変化だ。がんじがらめの会社とは一線を画する形で独立したにもかかわらず、組織が大きくなるにつれ、既存の会社組織にどうしても近づいてしまう。本来のやりたいことが薄まって組織づくりですり減ってしまっては、元も子もない。

むしろ、自分たちのようなコミュニティデザインの事務所が他にも増えれば、仕事が適度に分散するのではないかと思うこともある。各地でコミュニティデザインを手がける事務所が出てくれば、特色あるギルド集団が点在するようになるかもしれない。実際、地域の人と面白いことをやっていこうという機運の高まりを感じるし、いろんな事務所が出てくれば、コミュニティデザイン集団ならではの組織づくりがもっと発展していくかもしれない。そういうものが、別の職能集団にも飛び火して、独立した個人事業主による集団的な働き方が当たり前になったら、働き方の文化は底辺から変わってゆくだろう。

現在の studio-L メンバー

もう一つの悩みは、規模を広げ、人を増やすことによって、僕たちが大事にしている思想が全員には伝わりにくくなっていることである。さらに最近は、期待を抱いてコミュニティデザインの仕事に足を踏み入れてみたものの、あっけなく辞めてしまう人が出てきた。実際に地域のなかに深く入っていくと、「何であんたの言うことときかなあかんねん!」と責められることもある。それが現場というものなのだが、それまで頭で仕事をしてきた人は、心と体で仕事をすることに慣れていないのだろうか。僕らが追究しているコミュニティデザインの仕事には、意識の切り替えが必要になるのかもしれない。ただ、人そのものが大事なこの仕事では、「足りないところは外注で」という形でいつもうまくいくとは思えないから、やはり共に働くメンバーは必要なのだ。

自分たちが楽しく気持ちよく働ける範囲に仕事をとどめていたい思いと、求められるのであれば活動の幅を広げてニーズに応えていきたいという思い。二つがせめぎあう分岐点に今、僕たちは立っている。このジレンマをどう抜け出すことができるか。それが目下の課題になっている。

二〇〇五年にstudio-Lを設立して約一〇年。ひょんなことから、仲間とともにひとまず船をこぎ出すことには成功した。三六五日、いい仲間たちとともに、やりたいことのために全力投球できている。その意味では幸せいっぱいの毎日だ。でも、だからこそ、次なるジレンマに直面している。

そこで僕は働き方のデザインを実践している人たちにヒントをもらえないかと考えた。対談させていただいた六人は、働き方を工夫している実践者ばかりだ。働き方の理論も参考になるが、今の僕には同じ実践者として悩みを相談できる相手が必要なのだ。

対談を重ねるなかで、働くとは何なのか、それを人生に結びつけるにはどうしたらよいのかについて改めて考えた。彼らの体験に基づいた智恵を借りながら、僕たちが抱える課題を乗り越える突破口を探る試みでもあった。我ながら公私混同な試みだと思う。

それでは、六人の実践者とともに働き方と生き方を考える、思索の旅へとご案内しよう。

本書の六つの対談は、朝日新聞社のウェブマガジン「&」の主催により行われた、公開対談「〈ハタラク〉をデザインする」の記録を再構成したものです。

初出：http://www.asahi.com/and_w/　http://www.asahi.com/and_M/

CONVERSATION

1

ワークライフバランスとは何か

駒崎弘樹

認定NPO法人フローレンス代表理事

こまざき ひろき／1979年東京都江東区生まれ。慶應義塾大学SFC卒業。2005年日本初の訪問型・共済型「病児保育」を開始。08年『Newsweek』「世界を変える100人の社会起業家」に選出される。10年から待機児童問題解決のため「おうち保育園」開始。震災後は被災地支援に携わる。著書に『社会を変えるを仕事にする』『働き方革命』

山崎　駒崎さんとは、Facebookではよくやりとりしていましたが、こうして対面してお話しするのは初めてです。病児保育から始まり、社会起業家としていろいろな顔をお持ちで、メディアにもよく登場されます。厚労省では「育てる男が、家族を変える」という、イクメンプロジェクトの座長であり、内閣府の子ども子育て会議の委員も務めていらっしゃる。二児の父であり、育児にも率先して関わっている。一方では、震災復旧費用に充てるために「休眠口座」の活用を提案されてきました。国レベルで社会を変える提言をして、それらを具体的なプロジェクトに落とし込んで実践されている。なぜ、こんなに同時並行的に「スーパー」な働き方ができるのか。その秘密を知りたいと思います。まずは、駒崎さんが代表をされている認定NPO法人「フローレンス」ですが、病児保育という事業を日本に定着させましたね？

駒崎　子どもが風邪を引いて熱を出したりした時に、普通の保育園では預かってくれないので、保育園にかわってお預かりするのが病児保育なんですが、従来の病児保育施設のほとんどが赤字運営でした。理由は、経済的に成り立ちにくい構造だったから。施設を構え、看護師や保育士を雇うと、かなりの費用がかかる。それなのに、子どもが病気になった時の突発的な利用しかないのでは、採算があわない。そこで行政の補助金をもらおうとすると、「行政サービス」として、いろいろ縛りが出てくる。人件費二〜三人程度のわずかな補助金しか受けられないため、結局は補助金を受けても赤字になってしまう。そんな構造になっています。

そのジレンマを解消するために、行政の補助金を受けないで、事業として成り立つ方法を編み出しました。それは、保育士や地域の子育て経験者が在宅で子どもを看る「非・施設型」にすること。そして、月会費制の保険的なシステムにすること。もともと、こういうサービスを受けたいというお母さんたちはたくさんいましたから、ひとたび仕組みをつくってからは、利用する人が広がっていきました。

山崎　もう一つ、「おうち保育園」も始められました。

駒崎　今、保育園が足りず「待機児童」が社会問題になっていて、何とか解消しようと、小規模保育の導入を考えました。これまで、日本の認可保育園は、子どもの定員が二〇人以上というのが条件の一つでした。そうすると、それなりのスペースも必要なので、大きな園しかつくれなかったんです。それなら、一〇人程度の小さな園でもつくれるように制度の方を変えたらいいんじゃないかと。それに、一軒家やマンションの部屋等、街には空き家がたくさんある。その空き家を保育園に変えられたら、空き家対策と待機児童対策とが兼ねられて、一石二鳥だと考えたんです。

山崎　「おうち保育園」というネーミングは？

駒崎　おうちを保育園にする。そのままなんですよ。最初はある一軒の家を保育園にして、九人の子どもを預かる形でスタートしました。それがうまく回りまして、国の待機児童対策特別チームにいる官僚の人たちに見せたら、「これはいいね」ということになりまして。二〇一二年に成立した、子ども子育て支援法で、二〇人未満の保育所でも認めることになったんです。二〇一五年度から、「小規模認可保育所」として制度化されることになりました。六〇数年変わらなかった保育の法律を変えることができたわけです。

全国の待機児童の多い地域に機動的におうち保育園を開園していけば、待

一軒の家を保育園にした、おうち保育園。東京都内に十数カ所、展開している

機児童問題はいずれ解消するでしょう。こんな風に、子どもや子育てに関わる社会的課題を、まずは事業によって解決し、今度は解決した事例を、国や政府に提案し制度化することで、社会の問題を解決していく。そんな取り組みをしています。

働き方をデザインするために

山崎　僕は今回の対談で、「働き方のデザイン」をテーマに掲げていますが、それはどちらかというと、都市部の企業人を念頭に発信しているメッセージでもあるんです。これまで、中山間離島地域を中心にコミュニティづくりに取り組んできましたが、たとえば品川のような大都市でコミュニティづくりを考えようとすると、どうしても、企業という軸を中心に考えることになる。「会社・職場のコミュニティ」ですね。

実は、「会社・職場のコミュニティ」は、地方における「集落のコミュニティ」と同じような仕組みでつくられてきたんじゃないかな、というのが僕の実感です。年功序列、終身雇用と言われる組織のあり方は、集落の自治会、町内会、あるいは村のしきたりみたいなものと近いな、と。広井良典さんは『コミュニティを問い直す』で、前者を「都市型コミュニティ」、後者を「農村型コミュニティ」と対比しつつ、戦後の日本社会において、農村から都市へ人口の大移動が起こった結果、農村から都市に移った人たちが、会社もしくはそれとセットの核家族というコミュニティのなかに、農村というムラ社会をつくっていったんじゃないか、結局は会社や核家族という閉じた集団を再構築しただけじゃないかと指摘しています。

そんな旧来型の〝縛り〟を都市型の会社・職場コミュニティが引きずっているとすれば、それをもっと新しい、機動性のあるコミュニティに変えていけないかというのが僕の狙いです。一つの会社で完結しなくてもよく、たとえばその地域一帯で働く人のなかで、同じような問題意識を持っている人たちが、気持ちよく働き、気持ちよく暮らすための仕掛けを考え、実践し、発信するようなことでもいいと思うんです。働く人たちの意識が変われば、そのコミュニティ全体の「働き方」まで変わってくると思うんです。駒崎さんにもヒントをいただけたらと思っていまして。実際にご自身が新しい働き方を提案されていますね？

駒崎　二〇〇九年に『働き方革命』という本を出しました。副題は「あなたが今日から日本を変える方法」。今でこそ僕は、「ワークライフバランスは経営戦略だ」なんて言ってますが、僕はもともとＩＴベンチャーの経営をしていて、一日一六時間ぐらい働いていたんです（笑）。でもそれが破綻して、働き方を変えました。今は毎日、夜六時には仕事を切り上げて、七時には家に帰って子どもをお風呂に入れています。子どもが二人いて、二回育休を取ったんですが、そうしたら、二カ月間、経営者がいなくても回る職場にすることができました。そして、今も、育休の時に培ったノウハウを生かして、週に二回しか出勤していません。

山崎　まさに、働き方をデザインする、ということですね。そういうお話を聞きたいんです。ただ、駒崎さんは七時には家に帰って子どもをお風呂に入れなきゃいけないというので、あと一五分ぐらいしか……。

駒崎　今日は大丈夫です（笑）。

「昭和脳」の上司を「平成脳」に変えられるか

Ｑ（会場）――大企業では従来の仕事に囲まれ、新しい仕事がなかなか見つけられません

山崎　僕は大企業で働いた経験がないのですが。

駒崎　僕も経験はないんです。ただ、大企業に勤めている方からよく聞きますね。目の前の仕事に追われて、やりたいことに割く時間もなく、とても新しいことに手が出せない、と。処方箋の一つは、仕事の生産性を上げて早く帰ること。アフター6とかアフター7で切り上げて、それからの時間をやりたいことやインプットの時間に充てる。そうやって、自分の大切な時間を防衛する方法があるんじゃないかと思います。

山崎　最近の大企業は、六時や七時に帰れますか？

駒崎　上司次第でしょうか。昭和脳の上司だと、「なんで俺より早く帰るんだ。俺が若かった頃は朝まで……」と始まって、帰れなくなる。

山崎　戦略の一つとしては、昭和脳の上司を平成脳に変えていくことですかね。

駒崎　それはいいですね。ただ、そういう上司の脳は、ダウンロード後かなり時間がたっていて、なかなかバージョンアップできない。一つの手段として「キャラ設定」というのがある。僕が座長を務める厚労省の「イクメンプロジェクト」では、「イクメンの星」を表彰する企画があるんですが、全国から「俺を表彰してくれ」という人がたくさん応募してくるんです。そこには、いかにして自分が職場にロックオンされずに家庭に時間を割いているかという技があれこれ書いてあって。そのなかの一人は、自分はイクメンなんだよと職場で公言して、もう、そういう人だということにしちゃう。すると、早く帰っても、「ああ、あいつ、イクメンだから」みたいなムードができてくるのだそうです。ただ、仕事の実力が伴っていないと「お前、何やってるんだ」ということになるので、誰よりも頑張るのは大事ですね。

山崎　イクメンキャラを打ち出した時、将来出世しなかったらどうする？と不安になる人もいますよね。

駒崎　「出世」というキーワードにも、世代間ギャップがあるんですよ。二〇一一年の日経新聞に興味深いアンケート結果が載りました。新卒の学生たちに「あなたは働くうえで何を重視しますか」と聞いたんですね。一番重視されていなかったことはなんだと思います？

山崎　うーん、「儲かる」かな？

駒崎　近い。答えは「出世する」。新卒の学生たちは、入社早々にして、「出世しなくていいから」というマインドだったということですね。その代わり、最も重視していたのが「仕事と生活の両立」。二番目が「社会に貢献すること」。二〇年ぐらい前の世代とは真逆の価値観じゃないですか。

山崎　確かにそうですね。そのためには、これまでの働き方を刷新する必要があるでしょうね。よく大きな組織で働く人から、「働き方のイノベーションがしたい」という声を聞きますが、個人の力だけでは会社の文化まで変えられない場合、働き方を自分で変える方法として「期限を切って、働き方を色分けする」道はあると思うんです。

ある程度仕事のための時間を用意して、その先は働き方を考えるための時間にする。「さて、今日はこれから働き方を変革するための自分への投資、知識のインプットのための時間だ」と。その時期は、週末を勉強の時間だけに充ててもいい。アフター6とか7の時間までは確保できなかったとしても、飲み会を断ったり、一定期間はちょっと睡眠時間を削ってでも、自分のための時間をきっちり取ることが、次の仕事を創る原動力になる。そういう細かなインプットの時間を積み重ねて、試行錯誤していくと、おのずと暮らし方全体に充足感が生まれ、自己変革がじわじわと起こっていくのかなという気がします。

Q――仕事と生活の両立を重視していたら、国際競争で置いていかれるのでは

駒崎　僕は逆に、グローバルな競争で、たとえば中国を相手に、より安く、よりたくさんのものをつくっていって、我々は勝てるのかと問いたいですね。我々が今問われているのは、イノベーション。いかに付加価値を付け、高く売るかだと思うんです。一日一六時間働いて、目の前のことでいっぱいの人は、なかなか革新的な成果が出せないでしょう。手元の仕事をしながらも、余暇を使って新しい技術なり、ネットワークづくりなりに踏み出すことで自分の仕事に「オン」していく働き方が、競争力にもつながると思いますね。

山崎　確かにそうですね。スペインに超一流のシェフたちが腕をふるい、五〇席にも満たない店に予約希望者が殺到するレストランがありましたよね。オープンするのは年に半年だけ。残りの六カ月、シェフはいろんなものを食べて研究する。そこで仕入れた「インプット」を残り半年に投入して、すごい料理をつくる。

駒崎　日本にも面白いところがありますよ。日本一休みが多いのに実績のある製造業の会社が岐阜にあるのを知ってます？　年間一四〇日休めるそうです。未来工業という電気設備関連の会社ですが、ワークライフバランスと言うと、「何言ってんだ。ライフが先に決まってるじゃないか」という感じなんですよ。

山崎　ああ、僕と一緒だ！

駒崎　働き方もすごい。報告・連絡・相談の「ホウレンソウ」は禁止。現場が一番知っているんだから、現場で判断しろ、権限は委譲すると。会議なんかは時間の無駄だからやめようと。そんな改革で電気スイッチの内側に取り付けられる「スイッチボックス」で、大手を抜いてシェアナンバーワンになったんです。

中小企業が生き残るには「働きがい」と「働きやすさ」

Q——中小企業でも、優秀な人材を手に入れるにはどうすればいいですか

駒崎　だから、ライフの充実と働き方の改革とは、相反する概念ではなくて統合可能なんです。むしろ、そういう形で生産性を高め残業代を減らし、働きやすい職場をつくることで、中小企業だけれど、むちゃくちゃ採用が取れるようになったそうです。かつ、メディアにも取り上げられ販路も拡大する好循環ですね。

「働きがい」と「働きやすさ」。この二つを提示すれば、大企業に勝てます。フローレンスも二五〇人の社員がいるんですが、事務局スタッフの採用にはほぼ一円もかけていないんです。「働きがい」は、NPOとして社会的使命を果たすという理念を示しています。「働きやすさ」は、多様な働き方を認める社内制度や社風をつくり、子育てや介護しながらでも働ける職場をつくってきたことです。事務局スタッフの残業時間は平均して一人あたり一日一五分ほどです。

この前、事務員を募集したら、MBA（経営学修士）を持った人が来てくれました。時給千円にもかかわらず。経理のパートを募集した時も、公認会計士の人が来てくれて。

山崎　すごい。未来工業が中小ながら成果を出しているのも、「ホウレンソウ禁止」といった独自の取り組みで社員のワークの時間を合理化し、ライフの時間を確保する「働きやすさ」のマネジメントができているからなんでしょうね。働く対価はお金だけじゃないのでは、といった問いかけへの、一つの答えなのかもしれません。

「夕方六時から全開」を「六時に帰る」に変えた

Q――同時並行でいくつものプロジェクトを進めていくためにどんな工夫ができますか

山崎　いくつものプロジェクトをただ詰め込んでいくだけで、部下は猛烈に忙しく、上司は昇級するほどハンコばかり押す職務が増えるという仕事の仕方は、もう、今の時代どうなんでしょうね。それならばいっそ、ホウレンソウも会議もやめる。駒崎さんみたいに、二カ月間会社に行かなくても、ちゃんと会社が回る仕組みをつくっていく。それこそ「働き方革命」が鍵になってくるんじゃないかと思うんです。駒崎さんは、そんな新しい仕組みをどうやってつくっていったんですか?

駒崎　僕はＩＴベンチャー出身で、以前は起きている時間は全て働く、みたいなマインドでしたが、職場の雰囲気が悪くなった。経営者が忙しいと伝染するんですね。常にみんなが忙しい。社員が「すみません、お忙しいところ」なんて、気遣いの言葉をはさんでくる。人も辞めていった。これはまずい、何かを変

フローレンスの事務所。事務局スタッフの残業時間は１日平均15分

えなきゃと。

山崎　どうやったんですか？

駒崎　きっかけは、アメリカでの研修でした。パーソナル・コーチングの実践で有名なルー・タイスという方に一対一のセッションを受けた時、ルーさんは、僕が忙しい理由を尋ねてきたので、「当然ですよ。ベンチャーの経営者ですから」と話した。すると、「それって君の思い込みじゃない？」と指摘されたんです。あっ、自分で自分の働き方をマインドセットしていただけなんだと、その時に気づいて。

それで、僕はこれからは何がなんでも六時に帰ると決めちゃったんです。それまでは夜六時から乗ってきて、一二時の終電までは俺の時間だ、みたいな感じだったのに。

山崎　わかる。六時から乗ってくるっていう感覚。

駒崎　絶対にしなきゃならない仕事って、実は二割ぐらいだったりするんです。それを午前中にガツガツ片付けたら六時になんて余裕で帰れた。そうはいっても、僕がいなくて社員は大丈夫かなと、最初はびくびくしました。電車でメールチェックをしてしまったり。でも大丈夫だった。

山崎　うれしいけれど、寂しい瞬間でもありますね。

駒崎　いい働き方は広めようと、次は社員の改革に取り組みました。まずは二時間近かった長い会議をどうするか。前の会議で決めたことを次に「え、そうでしたっけ」と繰り返すことは避けたい。だから、会議を「見える化」して。決まったことをパソコンに打ち込み、その場でプロジェクターで見ながら共有したんです。

山崎　この時やるって決めたよね、だってこう書いてあるじゃないと。言い逃れはできないですね。

駒崎　「見える化」しただけで、会議の時間は一時間に短縮できました。あと、会議のメンバーを二つに分けた。全ての会議に出るのはフルメンバー。サブメンバーは、議題ごとに出ればいい。僕はサブメンバーだから、会議が四分の一ぐらいに減ったんです。

山崎　経営者であっても、必ずしも全部の会議に出なくてもよいと？

駒崎　逆に僕がいるからしゃべりにくくなるとか、社員自身で決められなくなる側面もあるから。僕もみんなも他の仕事や自分の仕事ができるようになって、最終的には平均残業時間が一五分にまで短縮できました。

山崎　そういう仕組みから、働き方づくりは始まるんですね。社長が二カ月会社に行かなくても、会社がまわるようにする。社員が会社に縛り付けられない働き方に変える。そのためにはまず、仕組み化が大事なんですね。それは大企業であっても、課や部の単位で少しずつ仕組みを変えていくことが可能かもしれないですね。そんな噂が広まると、是非ともその課に行きたいと希望する人たちが出てくるでしょう。

　駒崎さんも、週に二回しか出勤しないそうですが、僕も一カ月に二回ぐらいしか事務所に行かないんです。さらに今は息子たちが夏休みなので、同時に僕も夏休みにしちゃいますと。講演やテレビ出演の仕事以外は、気分だけでも夏休みのままで通そうと決めまして。今日も、半袖半パンの軽装です。

駒崎　いいですね。

山崎　経営者でも休む時は休める、二カ月会社に行かなくてもまわるようにした駒崎さんとは通じる部分がありますね。その仕掛けの一つは、「決断の持ち帰り」をなくしたこと。僕はもともと、都市空間や街並みといった、ランドスケープの設計の仕事に関わってきて、そこからコミュニティデザインをやるようになりました。全国いろいろな所に行って、おっちゃんやおばちゃんとワークショップをすることから始まるんですけれど、現場では、部下が「ちょっと持ち帰ります」という言葉を使うのを禁止したんです。

設計という仕事は、材料や色をトータルで構想しているデザイナーが設計事務所のボスになって、全てを判断して決める文化です。だから現場の担当者が、職人さんや施工業者さんから「こういうふうに変更してほしいんだ」と言われた時に、本来は自分で判断しちゃまずいんですよ。うちのスタッフもかつては「すみません、ちょっと持ち帰ります」と保留にして僕に聞きに来るのが当たり前でした。

でも、ワークショップの場でそれを言ってしまうと、目の前のおっちゃん、おばちゃんたちがせっかく出した意見や、現場のリアリティが一気になくなっちゃう。だから、意見が出たら、即座に「いいですね。それ、やりましょう!」と、いいと思ったことは現場で決めて、すぐやっちゃう。設計の現場とは文化を変えたんです。今、全国の八〇カ所でお手伝いをしていますが、全ての担当者がそれぞれの判断で決めています。

アフター6でできる「お試し起業」のすすめ

Q——好きなことを仕事にするにはどうしたらいいでしょうか

山崎　みんな、そう思いますよね。どうやったら好きなことをお金に換え、持続可能な仕事にできるのか。「大企業にいると、既存の仕事に埋もれてなかなか新しい仕事に踏み出せない」といった声もありますが、究極を言えば、好きな仕事、新しい仕事に踏み出したいんだったら、起業するのが早道かなと思うのですが。

駒崎　ただ、いきなり会社を辞めて起業するのは、それなりにリスクが高いですよね。たとえば、NPOを立ち上げて、いずれはそれで食べていきたいと考えているなら、まずはお試し期間として、アフター6で、似たようなことを実践しているNPOにボランティアで参加して、経営手法を探ったり組織のマネジメントを勉強したり、そういう「お試し起業」はあり得るかと思いますね。

山崎　NPO的な組織はインターン制度を持っているところもあります。プロとして関わっていきたいのならば、うちのノウハウをちゃんと提示して教えてあげますよ、という団体がけっこう多いんですよね。お試しの期間に、腕を磨いて自信をつけていく方法も、ありですね。

駒崎　あとは、今、インターネットがこれだけ発達した世のなかですから、そうしたテクノロジーを駆使することによって起業への障壁も低くなっています。たとえば、ウェブのアプリをつくろうと思えば、家に帰ってプログラムを開発して、いきなり世の中に出すことができる。それ自体では全然儲からなくても、実際にプログラムをつくって出した経験は、起業の時にものすごく重要になります。それも開発の経験の一つだし、ウェブサービスに一歩踏み出したということでもあるわけですから。実際にユーザーがつき、そのフォローとメンテナンスをアフター6と週末でやっていくという、会社との二重生活をしながら、そのサービスがある程度軌道に乗ってきたら、サブを本業にする。そんなやり方もありますね。

山崎　京都の大学で教えていた時の教え子が大企業に就職したものの、やっぱりデザインがやりたいと相談してきたことがありました。その企業には該当する部署がないので、辞めて起業してみたいが、どう思いますかと。その時は、やはり僕も「お試しで、アフター6を利用して起業してみたら」とアドバイスしました。すると彼はまず、ウェブデザインの本を買ってきて読み始めたんですね。HTMLとは、といった基本の基本から、初期投資だと思って二〇冊ぐらい読んだ。それで、こんなホームページがあったらいいなという、試作品をつくるうち、徐々に友人や知人から頼まれて、無料で引き受けていったんです。その時はまだ、会社に籍を置きながら、個人事業主として作品をつくり、自分のホームページで紹介していったんです。ある時点でそれが作品集になり、本当にたくさん仕事の実績があるかのように見えてきた。すると仕事として頼まれるようになり、一定の収入になってきたので、会社を辞めてウェブデザインの会社を興したんです。

駒崎　理想的なパターンですね。

Q——楽しく働くために必要なことはなんでしょう

山崎　最近、「楽しく働く」ってキーワードをよく聞くんですが、まず駒崎さんは、働いていて、どんなところに楽しさを感じていますか。お金が儲かる以外に。

駒崎　お金はどうでもいいかもしれないですね。共働きなので、家族を養うために年収を何倍にしようみたいな気持ちはまるでない。持ち家もいらないです。デザイナーの前で言うのは恐縮ですが、あんまりね。

山崎　持ち家って、やっぱりいらないですか。僕も親からずっと説得されているんですよ。でも三五年ローンかなんかで家を持つことに、まったくモチベーションが上がらないんです。

駒崎　ものを買うことが、それほど好きではないんです。車もいりません。子どもが二人できたから、必要上しょうがなくて軽自動車を買いましたが。一人目の時は、車は持っていなかった。駐車場代って、地面にお金を払うなんて、というような感覚なんですよ。

山崎　うちはまだ買っていないです。車検もあるし、ボディをこすっただとか、心配事も出てくるし。

「感謝」という報酬があるからやっていける

駒崎　とにかく、モノにお金を使うことはしたくない。使うとしたら、思い出とか、教育とか、価値ある無形のものに投資したいという欲はあるんです。そんな考え方だと、あんまりお金って減らないですね。消費しないから。別に無理をしなくても、普通に給料をもらって、普通に稼げる範囲でいいという考えです。

じゃあ、働いていて、何が楽しいかといったら、僕の仕事は感謝されるシーンが多いんですね。たとえば、熱を出したお子さんをうちで預かったら、助かりましたとか。一人親で、頑張って働きながら子育てしているお母さんから、「今まではずっと非正規雇用でした。子どももいるし、あまり戦力にならないと言われていました。でも、子どもが熱を出しても（フローレンスに）預かってもらえるから、仕事に穴をあけなくなって信頼されるようになって、この前、正社員になれたんですよ」なんて、うれしそうに報告してもらえると、それだけでお腹いっぱいというか、幸せ感でいっぱいになる。

山崎　立派な報酬ですね。

駒崎　感謝という報酬をいただけるだけでも十分、毎日楽しく働ける。またそれを楽しいと思ってくれる仲間たちと働けて、幸せだなと思いますね。もちろん日々、トラブル続きですし、つらいこともたくさんあるんですけど、トータルで考えれば、不利益よりも利益の方が大きい。たとえば二週間後に死なきゃいけないとなった時に、振り返ってみて「あー、仕事して、みんなと関われて楽しかったな」と思えるだろうなと。

ライフがワークを支える

山崎　人生、悔いはない、と。最高ですね。僕の場合はライフとワークが渾然一体となって、二四時間のいつもがワークともライフとも言える、というか、もうワークもライフもほとんど一緒というような感覚です。この感じを理解するのに、僕と真逆の考え方をしていた大学の友人との違いを述べるのがよいと思います。学生時代の終わり頃に、将来どんなふうに働きたいかをこの友人と議論したんです。

友人はサーフィンばかりやっていた、同じ年の男性です。将来就職したら、朝九時から夕方五時までは「しょうがないから」働くけれど、それ以外の時間は全部趣味のサーフィンに使いたいと言っていた。その望みをかなえるべく、彼は公務員になった。ただ、就職してみたら、理想と違って残業があったんですが。学生時代には、公務員も残業があることを知らなかったんですね（笑）。

僕はその議論をした時、彼とは対照的に、九時から五時までの時間を我慢して働くのすら嫌で、仕事も生活も全部自分の好きなことに使いたいという考えでした。まだ結婚もしていなかったし、子どもも生まれていない、大学生の勝手な意見なんですが。僕はかつて、親に隠れて布団のなかでも「ドラクエ」のゲームをやっていた世代です。だから、やりたい仕事があったら二四時間やっていたいんです。

一方、駒崎さんは、ライフとワークをきっちりと分けることによって、ライフによって得られたプラスの部分がもう一度働き方のところにフィードバックされる形をつくっていますよね。グローバルな競争力を生むのは、そんな働き方かもしれません。もしかしたら、駒崎さんのように、価値転換で新しい働き方をつくることによって、その働き方のモデル自体を海外に輸出する時代になっていくのかもしれません。

働き方の変革は、地域や家庭も変える

駒崎　働き方を変えることは、地域や家庭へのコミットを増やすためにも必要なことだと思いますよ。町内会や自治会は、昔ながらの大事な地域のつながりですが、コミュニティづくりのために、必ずしも「地縁型」のコミュニティを盛り上げなければならないというわけじゃないと思っています。地域の自治会って、若手が六五歳みたいな世界じゃないですか。今は持ち家率が下がって、なかなか戸建てを持てなくなったりしているから、特に都市部では既存の地域集団の力が有効ではなくなった時代です。

それに対して、「テーマ型コミュニティ」がありますよね。こっちをどう元気づけるかも興味深いテーマだと思います。たとえば、仲間たちと町のゴミ拾いをするとして、ゴミ拾いのあとに、ついでに飲み会もしますかとか。飲み会が楽しいから、毎回、ゴミ拾いに参加しています、みたいなノリですね。つながっているのは「ゴミ拾い」というテーマではあるんですが、同時に楽しみもついてくる。昔は、自治会だからしょうがない、みたいな形だったかもしれないけれど、同じゴミ拾いを目的としても、テーマ型の方がモチベーションは高まるかもしれません。Facebook、ツイッター、ミクシィと、手段はなんでもいいから気軽に呼びかけて、あるテーマに共鳴した人だけが集まる。ただ、毎日夜の九時まで会社にロックインされていたら、コミュニティに参加する機会は失われるので、働き方を変えていくことが根本で必要だと思います。

もう一つ大事なのが、家族へのコミット。そこが入口になって、地域社会へのコミットへとつながっていくんですね。たとえば、家族で食卓を囲んでいる時に、子どもの話を聞く。学校でいじめがあるのを知ったりする。何とかしなきゃいけないね、とＰＴＡに参加する。すると、いろいろなパパ友、ママ友ができてい

く。そこから、学校や教育行政とのかかわり方を学んでいく。じゃあ、教育委員会に対してみんなで提言していこうという流れができたりする。そんなところから、行政や政治へのかかわりにつながっていく。家族へのコミットが地域社会へのコミットにつながっていくのですが、ただ、日本の男性の多くは子どもの笑顔じゃなくて、寝顔しか見られません。なかなか地域社会への参画というドアノブに手をかけられない。

山崎　農村部でも地縁型コミュニティの力が相対的に弱ってきている地域が増えています。地縁型コミュニティのなかに、どうテーマ型コミュニティを生み出していくかという視点も重要になるでしょうね。自治会という地縁型コミュニティと、パパ友という地縁型テーマコミュニティ。この両者の関わり方を調整することで、これまでとは違う地域経営の形が見えてくるような気がします。

仕事の種は課題の多い地域にこそ眠っている

Q――都市には職があるけれど、農村には少ない。どうすれば地方で職をつくれますか

山崎　実は農村にも、けっこう職はあるはずなんですよ。たとえば、東京と比べて島根には仕事がないと、島根の人自身が思い込んでいたりする。島根のお母さんたちは、大阪や東京に息子を出さなきゃいけないという発想になる。でも、そんなことはないんです。島根にも、たくさん仕事の種があふれているんですよ。

働くって、「傍を楽にする」という意味もあるようですね。傍にいる人を楽にする、そんな活動をしている人は、島根にもいっぱいいるわけです。だったら、そこに対価が発生する仕組みにしていけばいい。子どもたちのこと、高齢者や障害者のこと。少子高齢が進んだような「課題先進地」であればあるほど、実は、傍

を楽にする機会はたくさんある、ということだと思います。

駒崎　なるほど。

山崎　それに、インターネットも、品川より島根の方が接続速度は速い場合がある。品川では、何千ギガの光ケーブル網を敷いていても、ものすごくたくさんの人が使っていますから、携帯端末でたとえばユーチューブを見たりしても、立ち上がりが遅いですよね。島根県の海士町《あまちょう》に行ってみてください。夜八時以降には、もう、おばあちゃんたちは全員寝ていますから、光ケーブルを独占できます。ものすごく速いです。

実は、東京の方がインターネットが速いとか、仕事がたくさんあると思い込んでいるのは、脳にまだ昭和な感じが残っているということです。みなさんぜひ、中山間離島地域にお試しで行ってみてください。

近々、北海道の沼田町ではまちなかにWi-Fiが通って、しかも全部無料で利用できることになるそうです。全部が光ケーブルです。地方では、今、ものすごいことが起きちゃっている。それは総務省が地域ICT事業をコツコツとやってきた成果だと思います。そんな時代だから、東京じゃないと仕事がないと思わない方が、自分の人生の幅が広がるだろうな、と思います。

ワークライフバランスの真の意味

Q――「ワークライフバランス」という言葉がいまひとつ、しっくりこないのですが

山崎　よく「ワークライフバランス」と言われますが、この二つをどうバランスさせるか、どっちかに偏るのはよくないんじゃないかという比重の均等化として捉えている人が多いですね。本来は、ワークとライフ

の両者は、別物として置くのではなく、ともに合わせたうえで人生ができあがっていくものではあると思うのですが、それらをバランスさせるとは、どういうことなのでしょう。

駒崎　「ワークライフバランス」と言うと、ワークとライフとが対立軸に置かれているような感じ方をされる人もいるのかもしれません。バランスとは、調和させるラインを考えるということで、かならずしも、五対五にせよ、ということじゃないんですね。人生のある面においては、「ワークが九でライフは一」という人がいてもいいし、あるいはその逆であってもいい。でも、その時、その時、人生のあらゆる局面において、どちらをどれだけにするかを選択可能であるかどうか、それが非常に重要で、それが「ワークライフバランス」という言葉の意味なんですよね。

もともと、ワークライフバランスという言葉は、欧米の経済界からの要請で出てきた考え方なんです。たくさんのものを安く売る、では外国に勝てない。アメリカやヨーロッパは、基本的には、安いものの多くを日本をはじめアジアの労働者に加工させてきたので。じゃあ、どういう労働者がいい労働者かと考えていった時

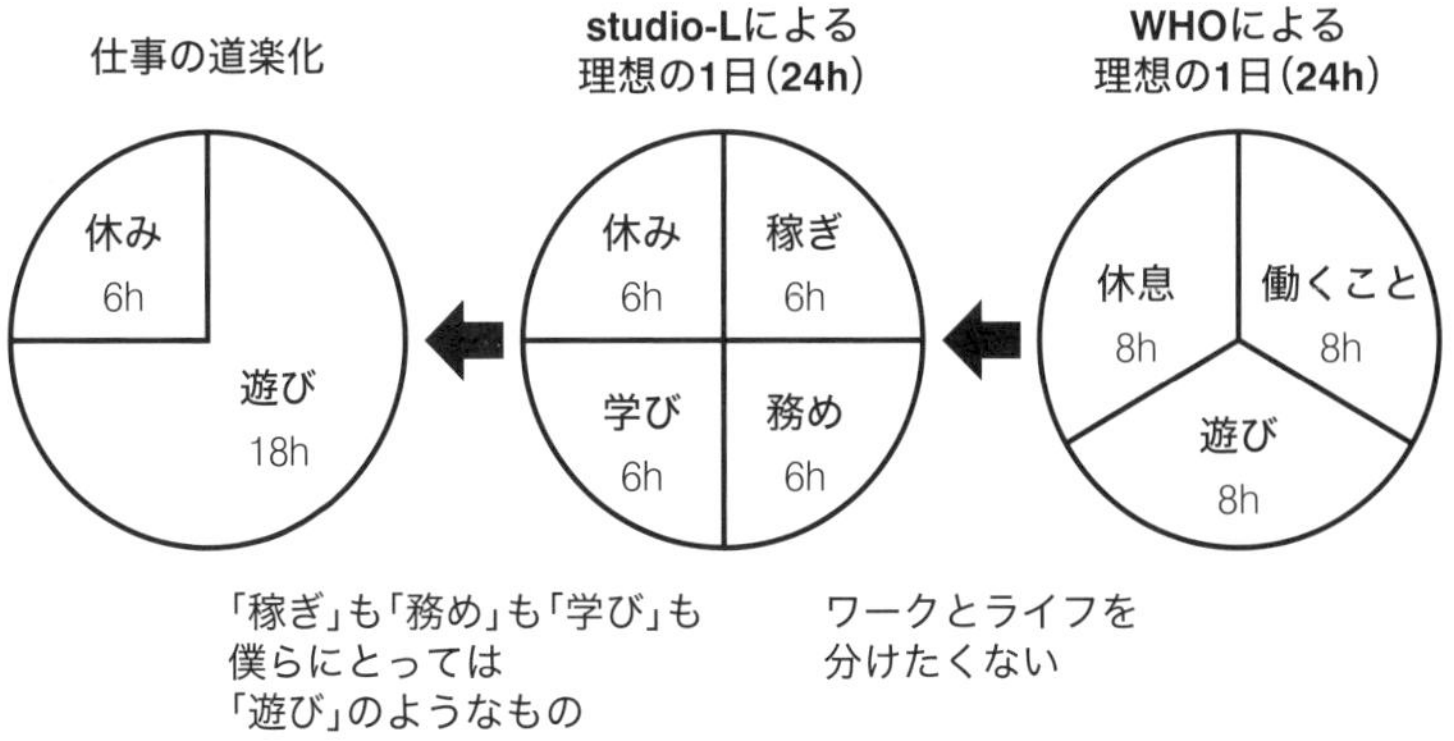
WHOによる
理想の1日（24h）
働くこと
8h
遊び
8h
休息
8h
studio-Lによる
理想の1日（24h）
稼ぎ
6h
務め
6h
学び
6h
休み
6h
仕事の道楽化
休み
6h
遊び
18h
ワークとライフを
分けたくない
「稼ぎ」も「務め」も「学び」も
僕らにとっては
「遊び」のようなもの

WHO の「働くこと」「遊び」「休息」の８時間モデル。これを studio-L では「稼ぎ」「務め」「学び」「休み」それぞれ６時間ずつから成る１日のモデルで考えている

に、「付加価値をつけてくれる労働者」がいいということになった。そうすると、その労働者を、工場に夜遅くまで拘束してイノベーションを起こしてくれるかといえば、そうじゃない。そこで、ワークライフバランスをとることによって革新を起こしていこう、という新しい方策を打ち出したんです。

それで、ひたすら働いて安いものを大量に、というものづくりをしてきた日本でも、欧米に追いかけて輸入し始めたんですね。そういう意味では、ワークライフバランスは仕事のイノベーションとか、生産性みたいなことを追求する考え方に近いということを、お伝えしておきます。そうした工夫、追求をしていけば、おのずと人生にも豊かな循環が生まれる。暮らしも、もっと工夫や革新を！となっていく。そんな「ハードワーク・ハードライフ」でいきたいなと、僕は思っています。

山崎　僕らの場合は、人生と遊び、働くこと、家族との暮らしが渾然一体になっているんですね。たとえばスタッフが徹夜で勉強しているのは、ワークなのかライフなのかと問われると、「どっちでもある」と答えるしかない。僕が尊敬しているラスキンの文献を調べている時間は、全く個人的な趣味であり「ライフ」だよなとも思うし、僕があんまり心酔しているものだから、出版社から「今度、ラスキンのことを書いてください」と依頼されているという意味では、「ワーク」でもあるのかと、厳密に仕分けができないんです。こうしたレクリエーションがワークにも反映されているとすれば、幸せなことだとあらためて思いますね。

駒崎さんとお話ししていて新鮮だったのは、駒崎さんと僕とでは、表現の仕方は違うんだけれど、結局のところ、両者とも、ワークがライフに影響を与え、ライフがワークに影響を与える形で自己を高める人生を歩みたいという感覚は、全く一緒だったということ。なんだ、究極で目指すところは同じだなと思いましたね。

人口の一万分の一が変われば、変革は起きる

Q――お二人のような働き方の変革が社会に広まってほしいのですが、壁は大きそうです

駒崎　ご質問は、そもそも一億二千万人がみんなで変わらなきゃいけないという考えがベースになっていますよね。でも、そんな事態は、歴史上これまでにもなかったと思うんですね。僕は歴史オタクなんですけれども、日本が最も大きく変わった出来事に、明治維新があります。当時の日本の人口ってご存じですか？　四千万人です。では、あの当時、明治維新を起こした原動力となった「志士」と呼ばれる人たちは何人ぐらいいたでしょう。坂本龍馬のような横綱級じゃなくて、小結級の人も含めて。僕はオタクなので、数えたんです。答えは約四千人ぐらいです。四千万人分の四千人、一万分の一なんです。今の日本の人口に換算し直すと、だいたい一万二千人ぐらいですね。変革を起こす人は、そのぐらいの人数でいいんです。

一万二千人が死ぬ気で変革を求めて行動することによって、何らかの革命が起きる。だとすれば、別にそんなに、ものすごくたくさんの人が変わらなくても、全員が一丸で「よいしょ」って変えるような大掛かりなものじゃなくても、変革って起こせるんじゃないんですかね。一部の人たちから勝手にどんどん変わっていって、いつのまにか時代もそのように変わっていく。僕が抱いている変革とは、そのようなイメージです。

だから、もし、みなさんが望むのであれば、その一万二千人のうちの一人になっていただきたい。そうすることによって、この国が少しでもよくなっていくんだと信じています。それに、何よりも、そういう未来を思い描くことが僕は楽しいですね。だから、同じように楽しく働きませんかという輪を広げていきたいです。

Q――世の多くはモノや金に関心がある。お二人の働き方や価値観はマジョリティになり得ますか

山崎　一九八九年に暉峻《てるおか》淑子《いつこ》さんが『豊かさとは何か』（岩波書店）という本を書いています。ドイツに留学してきた暉峻さんが、ドイツのサラリーマンが昼間に公園でのんびりと読書をし、昼寝をしている光景を見て、こういう生き方が豊かなんじゃないかと、紹介したわけです。ちょうど「豊かさ」をテーマにした言説がブームになった時期だったと思います。ところがバブル景気に浮かれた時代だったから、「いい本だけど実際はねぇ」となってしまった感がある。豊かさといったら、どうしても、金やモノをたくさん持っている印象がぬぐいきれなかった。なかなか広まらないので、これを「幸福」と呼び始めたらどうかと、今度は「幸福論」とタイトルをリニューアルした言説がたくさん出てくるようになったのだと、僕は理解しています。

　この動きが、どれぐらい広がっていくんだろうということですが、明治維新の時みたいに一万分の一の人たちが国の仕組みから何から全部変えてしまおうということになると、ちょっと大変です。

　駒崎さんがさっきおっしゃったとおり、「そうしたい」と思って、行動に移すことが大事ですね。どうせ広がらないならやめておこうという方向にいくのではなく、楽しいと思えるから変える方を選ぶんだという人がじわじわ広がり、行動が積み上がって膨れあがっていく。僕なんかは、その可能性に期待したいですね。

駒崎　ぜひ働き方をデザインするということを、もう一度考え直していただきながら、考えるだけじゃなくて、明日から何か試せるチャレンジを、一つでも実践していただけたらなと思います。みなさんが一歩踏み出して、少しでも働き方が変わり、みなさんの幸福度が増すことを心から願っています。（二〇一三年七月三〇日）

REVIEW 1

自分でバランスを決めることの大切さ

「ワークライフバランス」を提唱している駒崎さんと、完全に「ワーク・イズ・ライフ」になっちゃっている僕とでは、一見、相反する意見を持っていると見る人はいるかもしれない。僕自身も対談する前は、あえて働くことと生きていくことを分けない僕らのあり方が、駒崎さんにはどう映るのか興味深く思っていたところがある。

僕らは働くことのなかで自分自身を高め、生きることの豊かさも同時に獲得していきたいと考えている。一方、仕事に革新を起こす「働き方革命」を遂げて、アフター6でもちゃんと帰れる仕組みをつくった駒崎さんたちは、その分家族とも密にふれあい、新しい学びも刺激も含めて「インプット」する余裕が生まれ、ひたすらライフの質を高めていく。そうすることで、その豊かさを今度は仕事にも持ち込んで、ワークの質も高められるようになったということだった。

そこであらためて考えてみたら、「ライフ」であれ「ワーク」であれ、どちらであっても自分自身を高めうる時間を確保するという意味では一緒だということに気づいた。入り口は違うかもしれないが、蓋を開けてみたら僕らは同じところを目指しているんだと。「ライフ」だ「ワーク」だと区切ることに意味があるわけじゃなく、どちらであれ、それをどう人生のなかに組み入れていくか、どういう意思を持ち、自分なりにどんなメリハリをつけて毎日を創り上げていくかということに尽きると思った。

僕らstudio-Lの仲間は「人生、全てがワークである」なんて言い切っているけれど、本当はずっと働いているわけではない。情報を仕入れる「学び」の時、「稼ぎ」の時、「務め」の時、全部含めて「ワーク」と呼んでいるだけだ。そして、それら全部を自分の「ライフ」のなかに組み込んでいこうと考えているだけだ。

WHOが、健康的な三つの暮らし方として、「働くこと→八時間」「休息→八時間」「遊び→八時間」というような提唱をしているが、僕らは少しそれを改変して、二四時間を四つのカテゴリーに区切れないかなと考えている。「働くこと」の部分をあえて「稼ぎ」と「務め」に分け、

・「稼ぎ→六時間」
・「務め→六時間」（この世に生まれてきたからには、地域のために貢献する時間を持つ）
・「学び→六時間」
・「休み→六時間」

という風に。さらに「稼ぎ」「務め」「学び」の三つの時間を「遊び」に近づけることができたら、僕たちが理想とする「仕事の道楽化」が実現されるだろう。

もちろん、ある時は一つのカテゴリーが六時間どころではなく一〇時間になったり、変動することはある。「この角を、どうしたら美しい形になるか」等とずーっと悩んでいることを楽しむデザイナーが、「一日労働は〇〇時間まで」と時間で区切られてしまったら、アウトプットの質は下がるし、モチベーションは下がる。だから、この六時間という数字に意味があるわけではない。駒崎さんがいうように、バランス加減は、その人自身がその時その時で考えるものだろう。

一方、病児保育の現場で、時間単位で人を預かっているような仕事の人が、旅行しているのか仕事しているのかわからないことを続けている僕たちと同じような働き方になるはずがない。だから実質的な仕事の内容もマインドも、駒崎さんたちと僕らとでは大きく違うのだろうと思う。

今回の対話から、ああなんだ、結局は駒崎さんたちも僕らも、究極のところで目指すところは同じなんだと気がつき、勇気づけられた思いがする。あとは、稼ぎと務めと学びと休みのバランスを、ライフステージに応じて少しずつ変化させながら、自分の価値を高めていくよう努力するだけだ。また、そんな努力を通じて一つでも多くの地域に熱いコミュニティを生み出すためのお手伝いを続けるだけだ。

（山崎亮）

CONVERSATION

2

その価値は誰のためのもの？

古田秘馬

（株）UMARI代表

ふるた ひま／東京都生まれ。慶応義塾大学中退後、雑誌『ポカラ』のプロデューサーなどをへて、2000年にニューヨークでコンサルティング会社を設立。02年から東京に拠点を移す。現在は東京・丸の内の『丸の内朝大学』、六本木の『農業実験レストラン 六本木農園』など、地域や企業のコンセプトづくり、プロジェクトデザインを多く手掛ける。著書に『若き挑戦者たち』

古田流、価値の再発見

古田　僕はプロジェクトデザインという、全国各地に小さなプロジェクトを仕掛けていく仕事をしています。

たとえば、「丸の内朝大学」は、今では三〇〇以上のクラスができて、すっかり定着しましたが、通勤前のサラリーマンの時間を学びの時間に変えてしまった例です。そうはいっても、別に、朝が貴重な時間だよ、だなんて僕が最初に言い始めたわけでもないし、朝を大事にする習慣が今さらブームになったわけじゃない。昔から「早起きは三文の得」といわれていたわけですから。僕は、そういった従来からある価値を、現代の、しかもその限定された場所の文脈に置き換えて、「やっぱりすごい価値があるよね」という風にみんなの前に差し出してあげるというような仕事をやっています。

ほかにも、八ヶ岳（山梨県・八ヶ岳南麓）では、ペンションブームが去り、日帰りのお客さんしかいない。どうしたらいいだろうと相談を受けた時に、地域の人たち

丸の内朝大学のウェブサイト（http://asadaigaku.jp/）

と対話をしながら考えたら、そこにあるのは、高原の野菜とか、ジャムもヨーグルトも全部、朝食べて、気持ちいいものばかりだと気づいて。だったらそれらを生かして「日本一の朝」を企画に、と着想するわけです。それなら、イベントは全部、早朝にやっちゃって、日の出前にスキー場を開けて、雪解け水でコーヒーを沸かして飲んで、それから滑りましょうと、どんどんアイデアが湧いてくる。

僕らの仕事の場合、「何もつくらない、何も壊さない」というのが原則です。あえて、ハードはつくらない。全部、そこにあるものをそのまま使う。ただ、なぜそれまではパッとしなかったかといえば、それが価値として世の中に伝わっていなかっただけなんですね。だからその価値を、僕たちが今の世の中に合わせた形で見出して、新たに提案する仕事です。

今までみたいに何かを見に行く観光ではなくて、現地に足を運んでそこの空気に触れてイベントに参加して楽しみながら、ついでに地域の課題も一緒に解決しちゃう。それが「面白いこと見つけちゃったね」という価値につながるわけなんです。こんな風に、地域の課題解決にもつながるような掘り出しものの価値を「ソーシャルバリュー」と呼びます。その地域なり、その土地の人なりの特性を見出して、それまで誰も気づいていなかった、でも、もともとそこにあった価値を再発見する仕事です。

山崎　僕が秘馬さんたちのように新しい働き方を志向している人たちとぜひ話したいと思ったのは、僕自身が様々な地域に入ってコミュニティデザインを実践していくなかで浮かび上がってきた問題意識から始まっているんです。大企業の人にも閉塞感がある。一方で、田舎の集落のおっちゃん、おばちゃんたちにも、地元ならではの縛りがあって、なかなか変革が起こせないジレンマがある。その両方を見てきた僕は、そうし

「日本一の朝プロジェクト　from 八ヶ岳南麓」は八ヶ岳南麓の朝を提案します。
Good Morning!
日本一の朝プロジェクト
from 八ヶ岳南麓
morning project
朝、それは全ての生命が輝き始める時間。
RECOMMEND PROGRAM!
朝の野菜狩り！
10月まで
山々が見渡せる素晴らしいロケーションの「八ヶ岳あおぞら農園」で高原の恵みがいっぱいの新鮮野菜を収穫！
Check it!
八ヶ岳デイズ
好評発売中！
大好評の八ヶ岳本（全国誌）今年の夏号も出ました！
2012年
夏号
芸文社
八ヶ岳デイズ
morning project Top
weather
@八ヶ岳南麓
25日（日）：晴のち曇
気温：13℃ / でしょう。℃
26日（月）：曇のち雨
気温：13℃ / 5℃
日本一の朝プログラム
go to program index
日本一の朝を楽しめる、八ヶ岳南麓で開催されているプログラムです。大人から子供まで、家族から恋人同士まで参加できるプログラムがいっぱいあります。
7月－10月
6月－10月
日本一の朝プロジェクト
朝マイスターBlog
朝プログラム開催場所 & 宿泊施設MAP

日本一の朝プロジェクト

た都会、田舎という枠を一度捨てて、そもそも仕事って、人の働き方って、どんなモチベーションをもって、どんなつながりのなかでデザインできるのかなと考えたのが出発点でした。

僕は地域の人たちと対話を重ねるなかで、人は、いろんな人たちとのつながりによって力を発揮することを再認識したんですね。村のみなさんはそれぞれに仕事を持たれていて、夜七時頃から公民館に集まって、僕らと一緒にワークショップをやってくれるわけですけれども、その人たちがつながって一緒に何か新しいことを始めると、面白いことができちゃった。こういうつながり方の研究をしていくと、ひょっとしたら田舎じゃなくても、会社のなかで、会社のコミュニティにも変革を起こすことができるんじゃないかと思えてきたんです。あるいは、都会の会社での働き方に革新を起こす試みが逆に、僕らがやっている地域コミュニティづくりの活動にも参考になるんじゃないかなとも思いました。そうなれば、都市と農村との間に知の共有や循環が生まれるのでは、と考えたのがそもそものきっかけです。

古田流、人生の選択——サッカー選手になろうとイタリアへ

山崎　秘馬さんとどうしてもお会いしたかったのは、こんなに面白くて、アイデアマンで、プロジェクトも成功しているけれど、実際にどうやって秘馬さんたちの仲間にお金が回ってるのか、そして、どんなモチベーションで働いてきたのかといったことをお聞きしたいと思ったからなんです。

実は秘馬さんには「働き方を一緒にちょっと考える機会にしたいんです」と言っただけで詳しく説明しないままに来ていただいたんですね。だから、今、僕の質問を聞いて、「えっ、そうだったの?」と思っているでしょうが、それでも対応してくれる人です。「安定感」がありますね。

古田　でも最近、痩せちゃったから（笑）。

山崎　いえいえ、いろいろな意味で安定感があります（笑）。

Q（会場）――仕事を始めた頃は苦労をされたと思う。どのように現在の幸せな働き方に至ったのですか

古田　どうやって今の仕事につながっていったのか、はじめからお話しさせていただいた方がよさそうですね。僕は実は、もともとサッカー選手になりたかったんですよ。この体形で言うのも何ですけれど（笑）、でも、けっこう本気だったんです。ベルマーレ平塚（現「湘南ベルマーレ」）というチームのユースの選手でした。そこからイタリアに行って、セリエAのジュニアチームにも在籍していたんです。

山崎　サッカーでイタリアまで行ったんですか！

古田　はい。それなのに、まさか、こんなに太るとは（笑）。だいたい、僕がイタリアに行っていた話をすると、「え？　シェフで？」とか「オペラで？」とか言われます。

山崎　ポジションはどこだったんですか。

古田　フォワードをやっていました。今でも時々参加するフットサルでは、「アジアの壁」って言われています（笑）。とにかくサッカーに明け暮れていた時期があって、本当はプロになりたかったのですが壁は厚かった。サッカー選手にはなれそうにもない。じゃあということで、その時は慶應大学の小中高一貫校に通っていたこともあり、そのまま大学に進学することにしました。

でも、自分のなかで「とりあえず」っていう動機で大学に進学する感じは許せなかった。とにかく人生を

一度リセットして新しいスタートを切りたいと思っちゃったんです。それで、入学して三カ月ぐらいでやめたんです。自分探しじゃないですけれど、世界中を旅するぞと。そこで、たまたまいろいろな出会いがあり、「パリ・ダカ（パリ・ダカール・ラリー）」のレースに出ることになって……。一応、プレスドライバーとして完走したんです。と、こんな風にどんどんいろんなことに首を突っ込み始めるようになりました。

まず先に「夢」を描いてしまう

山崎　「たまたま」って、普通そういう展開になりますかね。そんなにいろいろな縁があったんですか？

古田　「たまたま」出会った人から発展させて、勝手にその先の「夢」をつくっちゃうのが、僕のやり方です。ビジョン先行型というのでしょうか。でもね、僕が大きな夢をぶち上げて大きいことを語るでしょう。そうすると、まわりの仲間は「そんなこと言ったってさ」って、いつも冷めた反応でした。僕は「いやいや行けるよ」と押し通すんです。その頃から、人生はもっともっと楽しむものだろうと思っていましたから。面白い人に出会い、面白いことを発掘するうちに、今度はその面白い人やことを誰かに伝えたいと考えるようになったんです。それで、ラジオ番組をつくろうと思いたちました。

山崎　えっ、ラジオ番組？

古田　これも「たまたま」ご縁があって、あるラジオ局にいた友達に「今度、番組をつくりたいんだ」と話を持ち込むと、面白そうだなと言ってもらえまして。学生向けに世のなかでいろいろな生き方をしている人たちのことを伝える番組ができないかなと、「知られざる達人たち」みたいな企画をしゃべったんです。今でいうテレビの「情熱大陸」みたいなドキュメンタリー番組のラジオ版ですね。それが、企画までは通ったんです。

でも、番組をつくるには協賛が必要だと、その時点で気がつきました。僕は世の中のことがよくわかっていないから、「協賛っていうのは、どこに行けばもらえるんですか」ってラジオ局の人に聞いたんです。すると、「そういうのはね、広告代理店とかに行くんだ」って、親切に教えてくれまして。「わかりました。じゃあ行ってきます」って行きましたよ、広告代理店へ。でもそこの受付で番組の企画と協賛の話を持ち出したら、受付の女性に「あの……ど、どなたでしょう？」って、いぶかしがられてしまいました。

山崎　一八歳で大学をやめて、すでにパリダカも経験し、二一歳の時には経験なしにそんな大胆な企画を広告代理店に提案してしまっていた（笑）。

古田　行ったら、全く相手にされなかったけれど。

山崎　今時、二一歳でそんなスケールの大きな若い人、いますかね。驚きです。

古田　こんなふうに、僕のキャリアは「たまたま出会った」ところから始まることが、ほとんどなんです。

好きな分野で走る。仕事はついてくる

古田　結局はラジオの収録までは進めたんですが、協賛がうまくつかずにラジオ番組自体は頓挫したんです（笑）。それでもあきらめられなかったので、次にこの企画から発展させて本が書けないかと思い立ちまして。経験もないのに、著作をと思ったのには伏線があって、広告代理店にラジオの企画の話をしに行った時に、「君が本を執筆をしていたりとか何者かわかるのなら企画を進めやすいのだけどね」と言われたんですよね。

山崎　あなたは誰だと、問われてしまったんですね。

古田　そういうことなら、僕も本を書けばいいんだ、と思ったわけです。ツテもなく出版社まわりを始めた

んですが、誰も相手にしませんよね。何十社も行ったけれど、全然。どこも「はあ？」という感じでした。「あと五年ぐらいキャリアを積んでからにしたら」と言われたこともありましたが、五年は待てないなと。それでも、ただ無駄に歩き回っていたわけじゃなくて、だんだん企画書というものが必要だとわかってきた。企画書の書き方も、どういう人に向けて何を書きたいのかを打ち出さなきゃ、と学習していってね。そんなこんなで、自分と同世代でいろいろなことをイノベートしている人たちを取材したものを本にまとめますとか、何とかかんとか打ち出し、コンセプトを練って、『若き挑戦者たち』という本の企画として、ある出版社に持ち込んだら、「面白そうだから進めてみたら」と、やっと声をかけてもらえたんです。

山崎　よかったですね。

古田　でも、まだ壁があった。今度は取材を申し込んだ相手から、「あなたは誰ですか？」という反応が返ってきて……。

山崎　本に登場するであろう「若き挑戦者」の方から、ですね。

古田　そうそう、お前は誰だと。それでも、何度も断られながら想いを伝えるうちに、インタビューに答えてくれる人が集まってきました。登山家の野口健さん、津軽三味線奏者の上妻宏光さん、四代目の市川猿之助を襲名した、若い時の亀治郎さん、それに囲碁の女流棋士の梅沢由香里さん……。それぞれの分野でエッジの立った人ばかりで、うれしかったですね。そこからデビュー作となった『若き挑戦者たち―Change the World』（一九九九年）という本は生まれました。二四歳の時です。

山崎　おお。よかった。

古田　野口健さんにお話を伺ったのは、エベレストに登頂する前だったんですよ。たまたま登頂して時の人になっちゃってね。本の発売は、登頂の直前と、めちゃくちゃグッドタイミングだったので、ものすごい大ヒットだろうと期待したんですが、これがさっぱり売れなかったですねえ。当時、あるタレントの暴露本が何十万部とか売れていたのに、こっちは結局のところ、七、八千部しか売れなかった。

山崎　七、八千部といったら、けっこうたいしたもんですよ。

古田　僕のなかでは、「自分は新進気鋭の作家としてデビューするんだ」というぐらいの気持ちでいたから、もうちょっといってほしかったですね。それでも、僕の場合、またやりたいことが出てくるわけです。

山崎　今度は何ですか？

古田　作家の椎名誠さんやカメラマンの浅井慎平さんらが編集委員を務めていた『個人の人生ドラマ誌――ポカラ』っていう大好きな雑誌があって、こういう冒険と旅の人間ドラマっていいよなーと眺めるうちに、僕もこの雑誌に何かの形で関われないかと考えるようになったんです。そこで、出したばかりの本を名刺代わりに、その版元へ直談判に行ったんです。そこの社長にいきなり「僕と何か一緒にできないですか」と。

山崎　また飛び込み営業（笑）。

古田　はい。そうしたら、社長と意気投合しちゃって、「そんなに好きなら、もう、お前らに雑誌をやる」と。

1999年に出版した『若き挑戦者たち―Change the World』イーハトーヴ出版

いきなり僕がその雑誌のプロデューサーをすることになったんですよ。こういうことが好きな仲間を集めてね。僕らは「生き方創造の雑誌をつくる！」とか、燃えましたよ。でも、どうやら内容が濃すぎたようで、ちっとも売れなかったんですね。それでも、いい出会いはあって、ロハス雑誌『ソトコト』が創刊されたタイミングだったので、ソトコト編集長（当時）の小黒一三《おぐろかずみ》さんに「いろいろ教えてください」って訪ねたんですよ。

山崎　また、突然に。教えてくれました？

古田　はい。ものすごくかわいがってくれて。僕らの編集部にふらりと寄って、「どうせ、食えねえんだろ」と、いろいろご馳走してもらったりして。

山崎　それは秘馬さんが何歳ぐらいの時の話ですか。

古田　二四歳ぐらいの時でしたね。その後、ニューヨークに住みたいなと思い始めまして。

山崎　突然！

古田　だけど、別に会社員でもないので、誰も駐在させてくれないんですよね。留学するにしても、大学は中退しちゃったし。じゃあ、ニューヨークで会社を興すかと考えたわけです。これまた「たまたま」、紹介でフランス人の博士やＭＩＴ（マサチューセッツ工科大）の教授らと出会い、その人たちの専門が人工知能だと聞いて、「とにかくこれは面白そうだ！」と僕は感じた

『ポカラ』

んです。それで、この人工知能にまつわる技術を開発するベンチャー企業を興せないかと、投資家をまわったところ、お金を出していただけることになり、ニューヨークに渡ることにしました。でも結局は成功せずに、九・一一のテロのこともあって帰国して、応援していただいた方にもご迷惑をおかけしてしまった時期でした。

こういう打ち明け話をすると、「仕事を始めた頃は、古田さんにとって不遇の時代だったんじゃないか」と指摘されるんです。もちろん苦労はしましたけど、その苦労もまた楽しかったんですよね、本人的には。

公園で古事記を語り合う日々が生んだもの

山崎　確かに苦労はあっても楽しんでいたようですね。帰国されたのは何年ぐらいですか。

古田　二〇〇一年、二六歳でした。帰国しても、すぐには食べられなかったんですよ。それで何をやっていたかというと、好きだった古事記とか神話の物語に没頭していたんです。大学の先生でもないのに、古事記なんかにいくら詳しくなってもお金にならないんですが。でも本人的には全然、不遇じゃなかった。何がよかったかって、仲間がいた。そういう「不遇」なやつらが（笑）。

山崎　不遇な仲間がいたわけですね。

古田　そう。とにかく僕らは平日の昼間に、公園で古事記の解読をしているわけです。

山崎　不遇だなあ、そりゃあ。

古田　「スサノオってさ、もしかしたらさ……」「すげえ、そうだよ」みたいに盛り上がって。小さい子のいるママたちが公園デビューしている横で、僕らは延々とそんな話を繰り広げていたんです。

山崎　怪しいですね。その人たちは、ふだんはいったい何をしている方々だったんですか？

古田　四〜五人いて、カメラマンだったり、ニューヨークで事業を興した時の仲間だったり、古事記の研究に携わる人だったり。公園で「スサノオってさ」って話しながら、「世の中もっとこうなる」とか「俺らが国をデザインすればこうなるんだ」みたいな、ビジョンというか哲学も語っていたんです。その頃はフリーペーパーの全盛期。だったら僕らがつくっちゃえばいいんじゃないのっていう方向に話は進んでいきまして。

山崎　古田さんたちなら、そうこなくちゃ（笑）。

古田　でも既存のフリーペーパーは、情報誌がほとんどだったんですよ。僕らは、そうじゃないよと。フリーペーパーこそ、哲学なんだ！と。

山崎　熱いな、また。

古田　で、これまた「たまたま」音楽のヤマハに知人がいて、クリエイター向けの情報誌をつくりたいんだけど、と相談を受けることになって。「情報なんてもういい。クリエイターのソウルにスイッチするような、熱いフリーペーパーをつくろうぜ」と提案したら、媒体名もそのまま『SoulSwitch』っていう形で実現しました。

お金より、まず楽しさを追いかけて

山崎　一般向けのカルチャー雑誌で、哲学を扱う媒体って、なかなかないですね。

古田　はい。だからこそ、斬新かなと。最初は「世界は音でできている」というキーワードで始めました。音って、本当にプリミティブなものなんだといううんちくはいくらでもあって、たとえば、五感のなかで一番最初にできるのは内耳なんですね。赤ん坊はみんなずっと心臓の鼓動を聴いて大きくなる。目は開かず、ものも食べず、臭いも嗅がない段階でも、耳だけはちゃんと世界を吸収しているんですね。古典や神話を読み解くなかで、創造のソースってまさに音なんじゃないか、という視点が生まれたわけです。

山崎　ヤマハのフリーペーパーは何年ぐらいつくられたんですか。

古田　まる二年でした。

Q——やりたいことをしながら、ちゃんと生活もしていくにはどうしたらいいですか

古田　どうしたらいいかというよりも、まあ、何とかなるんですよ（笑）。何とかするしかない。だって、そもそも自分にはやりたいことがあって、それをやるんだから。僕はフリーペーパーを担当していた時、音楽の仕事もしていたんです。オーケストラの音楽を書いたり、映画音楽をつくったり。「不遇」と思われがちな時代はそんなことでちょこちょこ稼ぎながら何とか乗り切っていたんですよ。

山崎　映画やオーケストラの音楽も作曲していた？　どこで学んだんですか？

古田　小さい時から、家で音楽を習わされてたんです。手に職じゃないけれど、親からすれば、僕が大人になって何とか食っていけるようにと考えたんでしょうね。

山崎　今のようにチームでプロジェクトのデザインに携わるスタイルに変わるのは、そのあとですか。

古田　本、雑誌、フリーペーパー、音楽と多岐にわたって何かを創ることには携わっていましたが、まだ一人のクリエイターでしかなかったですね。今の仕事の種は、音楽の仕事の一環である、コンサート活動で見

つけました。演奏で全国をまわっていると、ライブの後に、泊まった場所で地元の人からいろんな話を聞くんです。八ケ岳を訪れた際に、「いいところですね」と言ったら、「いやあ、日帰りの人が増えて、ペンション経営が大変で」なんて話を耳にしたんです。僕なりに「もっとこうできる」「こんなの面白いんじゃないか」と提案しているうちに、コンサートの演奏の中身よりも、土地のこと、食べもののことといった企画そのものに夢中になっていったんです。コンサートに来る人にはこういうものを食べてから来てねとか、この時間帯、この景色を観ながら演奏できたらいいんじゃないか、とか。そっちがすごく楽しくなってきて。

山崎　コンサートに来てくれる人の入場料でそういう企画を実現させていたんですか？

古田　はい。

山崎　その時は、行政とか、補助金は関係ない。

古田　まったく関係ないですね。僕は、曲を書くのと変わらない感覚でイベントも考えていたんです。それぞれの楽器を演奏する人たちがいるなかで、どんな曲だったらハーモニーになるのかと。この打楽器と管楽器がある時、この音とこの音では不協和音になっちゃう。地域を考える時にも、その土地のいろいろな素材、景色、人がいて。この曲を流せば不協和音になるけれど、こんな曲にすれば気持ちいいよねって。で、「朝にしたらどうでしょうか」なんてやっているうちに、そういうアイデアをどんどん考えてほしいと依頼されるようになって。でも最初は、そういうアイデアには予算がないわけですよ。

山崎　お金にならないですよね。

古田　僕らも、別にお金をもらおうという気はなかったし、ただ、こうやることってすごく楽しいなと思ったのが始まりです。僕らは、仕事を考える基準は「楽しいか、楽しくないか」だけなんです。僕は趣味がないんですね。なぜかというと、好きなことがあったら、それを本気でやる。趣味で止めておくことができないんですよ。やるんだったらちゃんと、本当に世の中のためになるまでやろうよと。

山崎　そこ、僕も感覚が近いですね。僕も趣味のところで止められない性質です。やりたいなと思ったことを夢中にやっていたら、いつのまにかそれが仕事になっちゃっているということばかり。

古田　仕事に結びつくのは、スタートからだいぶ先。いつも後からついてくる感じですね。

カネがなければご馳走してもらう

古田　僕は、どんな職業に就きたいという気持ちは、まったくなかったんですよ。仕事のあり方として重要なのは、「自分がどういう状態でいたいか」ということ。何をするかということよりも、そのためだったらずっと寝なくてすむみたいなことに携われているかということなんです。ドーパミンが出続けるものだけをやるスタンス。それは二〇代の頃からまったく変わっていないですよ。

山崎　本当だ。

古田　だから、お金は入ってこない時代の方が長い。そりゃそうですよ、やりたいことしかやらないわけだから。ヒットした企画があって、それをカスタマイズして何度もやれば収入はコンスタントに入るかもしれない。でも、同じことを繰り返す時点でもう、僕のなかではつまらなくなってきちゃう。

山崎　飽きてきちゃうんですね。

古田　カスタマイズのフェーズは誰か他の人にやってもらえればいい。僕のミッションは面白いと思うところだけをずっとやり続ける。よく言うんですけど、仕事って「事」に「仕える」って書くじゃないですか。このためだったら全部投げ出せるというものが自分にとっての仕事だと思うので、職業じゃないんです。

山崎 そうですね。

古田 お金を稼げているか、稼げていないかが仕事の基準でもないんですよ。

山崎 事に仕えられるかどうか、ということですね。

古田 そうそう。だから、プライベートと仕事とか、ワークライフバランスとかいう考え方はまったくなくて。自分のなかでも一〇〇％全てが……。

山崎 純粋な意味での仕事なわけですね。

古田 そうはいっても、山崎さんが冒頭で「面白い働き方だけれど、実際はどうやってお金を回してるのか、そこが知りたい」と、おっしゃいましたね。基本的にお金は回らないですから（笑）。みんな、どうやって回すか、どうやって生活するかと聞いている時点で、僕の発想とは違うわけですよね。僕はお金がなくても食っていく自信があるんです。お金がなければ、誰かにたかって御馳走していただく自信があるんです。

山崎 なるほど。今日の晩飯はあの人に、次はあの人に、っていうふうにして食べていくことはできると。

古田 実際に、ずっといろいろな人たちにお世話になってきました。そのかわり、相手を喜ばせる。「お前と飯を食べたいな」みたいにさせる術だけはあったんです。それって、仕事でも絶対一緒だと思うので。

働き方の方法論より大切なこと

山崎 そうですね。あなたと仕事したい、と思わせる術が必要ですよね。そんな、ある種の自信がついて

「これでいい」と思えるようになったのは、いつごろなんですか。

古田　僕には「幸せな働き方」のために一歩を踏み出した、という感覚はないんです。「常にどんな状態でいたいか」という視点しかない。とはいえ、別に僕みたいな働き方を全員がする必要はないと思うんです。独立している人がいいわけではまったくないし、公務員やサラリーマンがいけないとかでもまったくないですから。むしろ、僕は「ベンチャーなんだ」とか「独立するのが大切なんだ」とか言いながら、結果的に自分がやりたいことじゃないことをしているような、無理しちゃっている人の方がどうかなと思っちゃいますね。

山崎　そんな秘馬さんだからこそ、あんなに楽しく自分のプロジェクトについてしゃべることができるんでしょうね。そして飽きてきたら、きっと違うことを始めますからね。やりたいことしかやらないし、それで食っていけるかどうかは後からついてくるだろう、というふうに思ってやっていくから。

価値あるものを提供できているか

山崎　秘馬さんといえば、「丸の内朝大学」をすぐに思い浮かべる人もいると思いますが、これだけでも、すごく幅広い事業ですよね？

古田　「丸の内朝大学」は今、一万人ぐらい受講生がいて、いろいろなクラスがあります。学部だけでも一〇あって、「ものすごい発明クラス」とか、「トウキョウ森暮らしクラス」とかいろいろです。僕の感じでは、どちらかというとスクールビジネスというよりも、プラットフォーム提供という形のビジネスです。そこで企業と組んだり、地域と組んだりして。

朝大学の場を使って地域のプロデュースをやりましょうと呼びかけて、東京と地域をつなげる一つのモデルにしようという仕掛けもしています。これまでにもう二〇カ所ぐらい、いろいろな地域と連携してプロジェクトをやってきました。

たとえば二〇一三年には「東北復興・農業トレーニングセンタープロジェクト」というのが実施されたんですが、ユニークなビジネス企画も生まれたんですよ。忙しい都会人が野菜を食べる仕組みとして、受講生だった東北の生産者の畑でできた無農薬の野菜を原料にしたジュースの試飲会を伊勢丹新宿店で実施したり。

フィールドワークでJAXAさんのところへ行って、宇宙飛行士と同じテストを受けるとか。そんなコラボレーションも面白かったですね。

山崎　それだけ多様な取り組みをしている秘馬さんのところの、組織の運営はどんな感じなんでしょう。今、スタッフは何人ぐらいいますか？

古田　四五人ぐらいですかね。

山崎　そうすると、その人たちも古田さんと同じような

東北の受講生の畑で育った野菜からジュースができた。東京の百貨店で試飲会

覚悟で仕事をしているんですか。

古田　どうなんですかね、それはスタッフに聞いてみないと。僕はレストランを経営したり、「丸の内朝大学」を運営したり、いろんなことを手掛けていますが、プロジェクトごとにチームをつくっています。僕のところは社員ではなく、基本的に「チームメイト」なんです。このプロジェクトをやるチームはこの人、このプロジェクトをやるチームはあの人というふうに。僕は雇われるのは大嫌いなんですけど、雇うのも大嫌い。だから、常にイコールでいたいというのがすごくあるので。

山崎　システムとしては一応給料みたいな形にはなっている？

古田　給料です。

山崎　六本木農園は農園で、朝大学は朝大学で、プロジェクトごとにサポートしてくれる企業が

あったりして、そこからお金が入ってくるようですが、各プロジェクトごとにお金のやりくりをする感じですか？

古田　一つのプロジェクトだけでお金を回すわけにはなかなかいきません。収入源が複合的な場合もあって。考え方としては、エンドユーザーからしっかりお金をいただくモデルをとりたい。レストランってまさにそうですね。企業からの協賛金じゃ成り立たなくて、お客さんが「美味しい」と言って来てくれるから成り立つ。

朝大学の受講生の方は、「朝大学が面白い」って思って受講し続けていただけるので、それが続く。だから、対価を払ってでも通いたいと思ってもらえるものを提供し続けることができれば、その事業は続くんです。対価はお金じゃなくてもいい。その人の時間を使ってもらうのでもいい。肉がいいというなら、肉でもいい

東北復興・農業トレーニングセンタープロジェクト（前列左端が古田氏）

（笑）。大事なことは、価値があるなと思ってもらえるものを提供していくことですね。

山崎　なるほど。で、そうしていたら幸せな働き方に至っているんだということですね。確かに悲壮感、ないですよね。八ケ岳でコンサートをやっていたら、曲よりもその地域の食べものや風景の方を気にかけるようになって、それを企画としてコンサートに盛り込んだり、人に伝えていたら、教えてほしいという依頼がくるようになったという話も象徴的です。一般的には苦労といわれることでも何でも楽しみとか明日のアイデアの種にできる能力が、秘馬さんにはある気がするなあ。

Q――どんなきっかけでプロジェクトが始まるのですか。どうすればそれが対価に結びつきますか

古田　地域から頼まれた最初のオファーは、講演の仕事でした。でも、現地にいくとね、僕もこんなラフな格好でしょう？　その時はもっと髪が長くてヒッピーみたいでしたから。そんな出で立ちで、依頼された地域に行って、「この人が地域を変えてくれる人です」って紹介されたら、長老たちが「お前か」って（笑）。その時のノリとしては、僕は旅するのも好きだし、なにか美味しいものをご馳走してくれるんなら行きますよという気軽な感じでした。今みたいに、地域プロデュースを、という感覚は全くなかったですね。

山崎　その地域のいいところを教えてくださいといわれるので、自分が気づいた話でよければ講演でもしてしゃべりましょうか、と。

利益を生むのは、価値を見極める力

古田　その土地が好きになればなるほど、まわりの友達をどんどん連れて行くわけです。

山崎　ああ、自分の友達を連れていっちゃう。

古田　八ケ岳なんか、最初の半年ぐらいで二〇〇人ぐらい連れて行きましたからね。「最高なんだよ。八ケ岳の朝ってさ」なんて言っているうちに、みんな「えっ、チョー行きたい」って。現地の人も「なんでこんなに連れてくるの？」と驚いていた。僕がいろいろなところへ行って美味しいもの食べて「最高だよね」と言っていると、行ってみたいという人がぞろぞろ出てきて。いっそ、旅した先がレストランということにしちゃえばいいかなと。それで、「にっぽんトラベルレストラン」という企画が生まれました。旅した一日限りのレストラン。ホームページには、肉の写真を下敷きにして、僕がチーズをほおばっている写真をのっけて、「その場所でしか食べられないものがある」「ノーカロリー、ノーライフ！」とあおってね。

山崎　たとえばそのプロジェクトだったら、今はお金が回っているわけですか。

古田　今は、地方自治体が生産者たちを応援してくれるようになって。でも、それだけで利益が出るわけではないんです。ただ、この企画をすることで、僕らが経営している六本木農園というレストランの顔になっている生産者のバリューは、ますます高くなるというメリットがありました。現地で講師役を頼んだりして。そうすると、うちのシェフやスタッフのモチベーションも上がる。

山崎　いいですね。自治体の人も少しは金銭的なサポートをしているけれども、それだけで全部が回るわけではない。六本木農園を支える生産者たちも地域に入っていく。そして、その価値に共鳴して、食べたい、旅したいというエンドユーザーの人たちがしっかり対価を支払う、ということですね。生産者は講習でみんなの前でしゃべって、モチベーションを上げられるから、Win－Win の関係だし。お客さんは、それが生産

六本木農園。期間限定で若手や就農予定の生産者・地域のブランディング、マーケティング、販売までをプロデュースする“農業実験”レストラン

者とつながる機会にもなって。そういう価値や交流も一緒に抱き合わせた「旅」というわけですね。八ケ岳の朝のプロジェクトはどう回しているんですか？

古田　八ケ岳の場合は、プログラムあるいはそのプラットフォーム自体にバリューが出てきて、企業からの協賛金がたくさんつくようになったんです。朝大学もそうですが。企画に広がりが出て価値が上がってくると、企業や自治体の方がそこに乗って一緒にやりたいという動きが生まれてくるんです。

山崎　そうか。じゃあ、ある企業が朝大学のここの講座は受け持ちたいとか、朝大学の企画にまるごと協賛したいとか、いくつものお金が組み合わさる形で回して行くことができると。

古田　大事なのは、その企画が生み出す「バリュー」なんです。誰に対する、何が価値なのか。ユーザーが、あるいは協賛する企業が、何になら対価を支払いたいと思うのか。そこを見極める力が大事ですね。

それは誰にとって価値のある企画なのか

古田　企業の協賛を得ようとしたら、その企業は何に価値を置いているのかをちゃんと見る。CSRとはいっても、ただの社会貢献だけにお金を出さない。利益あっての企業ですから。その企業に何らかのかかわりがあり、何らかのリターンが返せなければ続かないと思います。最近だと、「CSR」から「CSV」へという流れがあります。Creating Shared Value と言うんですけど、社会にとっての価値と企業にとっての価値を両立させて、企業の事業を通じて社会的な課題も解決しちゃおうと。僕らはそれを発展させて、「Community Shared Value」と言いますね。コミュニティだからこそ、一つのバリューが生まれると。

山崎　それは新しい。

古田　簡単に言うと、観光の場合、これまでは一〇〇人呼んで、その分コストを安くする団体旅行が主でした。でも一〇〇人いると、一人ひとりの顔は見えないから、ざっくりとみんなが楽しめるようなコンテンツにせざるを得ない。お土産屋に行かなきゃいけないし、とりあえず神社にも行く。美術館もまあ行く、っていう具合にね。そうすると、コストは安いけど、参加者の満足度は低い。

それが、経済的にいい時は個人旅行になってくるわけですね。当然、個室の部屋で、団体割引がないからものすごく高い。まあ、お金払っただけはあって満足度は高いけど。それでも結果として、高価な分だけ頭数は集まらないから、地元への利益はそんなに変わらないんです。経済が傾き、個人じゃ無理だねという流れになった途端、地域の高級旅館は軒並み圧迫されてしまった。

山崎　もう、高コスト体質になっていたから。

古田　じゃあ、何だったら収益が上がるのか。やはり団体旅行しかない、団体だからこそコストが下げられる。でも、そのなかでどう満足度を上げるのかといった時に「コミュニティ」が重要になってくるんですね。

マスではなく、コミュニティ単位がヒットを生む

山崎　たとえば、どんなコミュニティが考えられますか。

古田　丸の内朝大学に、和太鼓クラスがあるんですよ。たとえば、佐渡島に行くとします。普通に一〇〇人を集めたら、みんな金山にも行って、あれもやってこれもやってとなる。だけど、そういうのはすっとばして、佐渡島で有名な「鼓童」というグループに和太鼓を学ぶ。「聖地の佐渡に行こう！」ということになると、和太鼓好きが集まるので、現地でやらなきゃいけないことって和太鼓だけでいいんですよ。でも、そういう

人たちからしたら、鼓童との演奏は一人じゃ体験できない。一〇人がみんなで行くからこそ実現できる。参加するみなさんも、何十人であれば、一人あたりのコストは安くできるよねと。それでいて、絶対にほかでは味わえないようなことが体験できる。しかも、和太鼓が好きなみんなで行くから、その体験をシェアできて。

山崎 もう、それは最高ですね。

古田 マスに向けて、何百万人にヒットするということはない。だけどコミュニティ単位で、あるバリューをシェアするというのが一つの流れなんです。経済の仕組みとして、このコミュニティだからシェアできるよねということを企画できれば、ものすごく新しいヒットが生まれてくると思う。ビジネスチャンスです。

「朝」という負荷を乗り越えた先に集まる人たち

古田 あるコミュニティのなかで価値を感じられるものをどう創造していくか。阪神ファンの人たち、AKB好き、秋葉原のオタクと呼ばれる人たち。まさにあれはCommunity Shared Valueだと思うんです。バリューをどこに見出すのかが僕らのビジネスだし、それが対価として戻ってくる仕事だと思っているので。

山崎 じゃあ、朝大学はけっこう大事な位置づけですね。

古田 朝大学は、一万人ぐらいの受講生のうち、リピーターが多いんです。なかには週五日、講座を取っている人もいますよ。

山崎 毎日じゃないですか。この事業は、何年ぐらい続いてるんですか?

古田 五年です。

山崎 じゃあ、もう相当の数のテーマ型のコミュニティができてきたでしょう。

古田　ここに通う人の共通コアって「朝」なんです。僕はコミュニティを仕掛ける時って、ある程度の負荷が重要だと思うんです。つまり、朝の時間、仕事前にわざわざ行かなきゃという負荷を乗り超えてきた人たち。そういう人たちって、すごくテンションが高いんですよ。

山崎　ある共通の意識ってありますね。「俺ら超えてきたよね」みたいな感じがね。

古田　そうそう。海外で、たとえばアフリカで出会った日本人の人は、すごく仲良くなる。「お前の気持ち、わかる」みたいな。僕が仕掛けた、体脂肪率三〇％以上の太った人だけのコミュニティ「D30――太った人のライフスタイルマガジン」もそうなんですよ。Dはデブの頭文字。D30のウェブマガジンをつくったら、全国の太った人からメールをいただきましたからね。「ありがとう。これで痩せなくてすむ！」みたいな熱いメッセージをね。誰もがどこかに所属していますよね、会社とか、出身校とか。みなさん、そういうコミュニティしかないと思い込んでいるけど、いろいろな切り口があるんです。いろいろなところに遍在しているんです。たとえば、左利き同士、というだけだっていい。

山崎　今、民間の仕事と行政の仕事と、どんな配分なんですか？

古田　半分が自主事業。その自主事業というものに対して、行政や企業から協賛が入ったりする。いろいろなパターンがありますね。常時三〇くらいのプロジェクトが同時並行という状況です。プロジェクトが生まれる瞬間には予感があるんです。それは、出会いなんです。僕、よく言っているんですけど、これからは「IT」だと。それはInformation Technologyではなくて、「Inspiration Technology」。直感をどれだけ科学するか。もう一つは「SF」。Science Fictionじゃなくて「Social Fantasy」だと思っています。

足を運び、人に会うことからしか始まらない

古田　こんな経験ないですか。朝ニュースを見ていたら、ある地域の話が流れていた。ふうんと思って電車に乗ったら、中吊り広告にその地域のことが書いてあって、その足で会社に行ったら、「最近、私、どこどこに行ってね」って、またその地域の名前が出てきて、「その地域名、どっかで聞いたなあ」って思うような。

僕は三回連続して同じ地域の話題を聞いたら、絶対に縁があるから行った方がいいって思うんです。一回足を運んじゃえば、それは結果的にものすごい投資効果がある。ものすごいレバレッジ効果が上がるんです。

山崎　なるほど、古田さんの場合は、地域から電話がかかってくるのではなく。

古田　そう。全部、現地に足を運んで、僕から会いにいっちゃう。たとえば、たまたま出会った人から「僕は富山出身で、来週もう富山に戻っちゃうんですよね」なんて聞いたら、「えー、ほんと？　じゃあ、行くよ」って言って、本当に二週間後にはそこに行っちゃうんですね。そしたら、その人が実は富山のキーマンで、そこからいろいろな仕事が始まったり。別に、仕事を期待して行くんじゃなくて、面白そうだ、行ってみたい、また会いたい、から始まって、そこからのご縁で。

山崎　それで、結果的には事業にも。

古田　ただ、一つのプロジェクトになるまで、だいたい二年ぐらいかかるんですよ。もともと、別にお金にしようと思って行っているわけではないしね。

山崎　プロジェクトが始まるきっかけは、地域から電話でも、補助金でもない。

古田　むしろ、補助金があるから始めたものって、うまくいかない。補助金ありきのスタートになるから。

山崎　その補助金がなくなったら終わってしまうし。

マーケットではなく、自分に響く価値を信じて

古田　ちょっと、僕の会社の信条みたいなものをご紹介しますね。我々は「よりよい未来のために、新しい時代の仕組みを創造するプロジェクトデザインチームである」。多くの人々が疲弊や行き詰まりを感じているなかで、既存のものに取って代わる新しい社会の仕組みが求められている。新しい仕組みは政治とか経済とか大きなものじゃなくて、私たちの暮らしを取り巻く様々な「関係性」のなかにあるんじゃないか。ならば、「新しい関係性をデザインする」ことが世界を変える一歩じゃないか、と。これが、僕らのスタンスなんですね。それから、僕らのメンバーには八カ条があるんです。

①世の中の理解ではなく自分の「直感」を信じる
②義務感ではなく「ユーモア感」
③オリジナリティではなく「編集力」
④上下関係ではなく「信頼関係」
⑤リーダーシップではなく「八方美人力」
⑥サービスではなく「コミュニケーション」
⑦企画力ではなく「実行力」
⑧ギャラじゃなくて「お布施」

③の「編集力」について言うと、オリジナリティって、コピーライトの世界じゃないんです。「Ⓒ」じゃな

くて「Ⓤ」、「ユニバーサライズ」ですよ。誰しもが誰かの影響を必ず受けている。ひらめいたものがまるまる自分のアイデアであることはあり得ない。大事なのは、物事をどう切り取り、どう編集するか、それをどうみんなに還元するか、だと。

⑥の「コミュニケーション」とは、何か対価を与えてすり寄るのではなく、コミュニケーションするなかで生まれてくるものをともに大事にする。それが結果的にサービスになるという考えですね。

⑧の「お布施」も、僕らにギャランティーという考え方はないんですよ。この人のためにはぜひお願いします、みたいな存在になるものってずっと続くわけですよ。だって、みなさん、正月になったらなんでわざわざ神社に行ってお参りして、お賽銭いれるんですかね。

山崎　確かにそうだ。

古田　僕たちは、決して宗教ではないんですけれど、考えてみれば宗教って何千年もなんであるのという話ですよ。誤解を恐れずに言えば、たとえば伊勢神宮なんかも、すばらしいソーシャルデザインなんです。伊勢神宮の遷宮式年祭を二〇年に一回やるのは大切なんだ、ということを広めて、みんながお伊勢参りをする。みんなが伊勢の赤福を食べる。そうなふうにして地域経済が回る。

山崎　そうそう。

古田　今までって、田舎暮らし？都市暮らし？って、カウンタブルなもので対立が起こってきた。西洋なの、東洋なの、と。そうではなくて、僕はいつもオルタナティブだよねって思っている。対立する極を統合していくモデルから、次のものが生まれるわけです。「どっちか」ではなくて、「どっちも」だとしたらどうだろうと。だから、僕は玉虫色バンザイなんですよ。世の中は白黒はっきりできないんだから。何が流行るか、流行らないか、すぐお金になるかどうか、はわからない。その代わり、「次の時代に何が必要か」が重要。マーケティングで、よく「マーケットイン」の時代だというでしょう？　僕は逆で、コンセプト重視で、価値を創ることが先なんです。だって、マーケティングから「六本木で農業」って出てこないでしょう。

山崎　うん、確かにそうだ。

古田　次の時代はこうなるべきじゃないのと言うのが、重要なんじゃないか。僕の場合は、宗教だとか神話だとか、わけのわからないことをぐじゃぐじゃ言っていると、それが仕事になってくるんですよ。

（二〇一三年八月二〇日）

REVIEW 2

価値の見つけ方、共有の方法

古田さんの会社の名前は「umari（ウマリ）」という。株式会社の形態をとっているけれど、それぞれスタッフは独立した個の意識を持ち、それらが寄り集まった「チーム」でコトを動かしている。新しい働き方に踏み出しているなと思う。

初めてお会いした頃に比べてスタッフの数が増えているようだ。個集団としてのチームづくりといい、規模が大きくなってきている段階といい、いずれも、studio-L の状況と似ている。そうした背景から、古田さんにはずっと親近感を感じていたし、今回、古田さんのお話から僕らも何かヒントを得られるのではないかという期待感があった。

古田さん自身も、自分たちの働き方はベンチャーだと言い切っておられたが、どんどん次から次へと新しいことに取り組み続ける姿勢は、新しいことを生むベンチャリストには欠かせない資質だろう。だが、自身のみならず、スタッフの新しいアイデアをどう引き出していくか、あるいは自身と同様の価値感をどうスタッフに伝えていくかというのは、なかなか一筋縄ではいかないものらしい。「古田秘馬」がいなくても、事務所のスタッフが新しいことに取り組み続けるような組織のマネジメントとはどうすればいいのか――。古田さんはそこに悩んでいるという。実は僕も同じことに悩んでいる。

僕らがこのような互いの悩み相談をしたのは、対談の合間であった。参加者それぞれが自己紹介をし合い、グループごとに質問を考えてもらっている間、古田さんと僕は二人でひそひそと悩みを語り合っていた。その時、斬新なアイデアを次々と生み出す古田さんが、実は組織運営についていろいろ悩んでいることがわかった。そして、そのうちのいくつかは、今の僕が抱えている悩みと似ていることもわかった。それは、「代表の熱い語りにスタッフが慣れてしまう問題」とでも名付けられそうな問題である。

僕は語りだすと暑苦しいと言われるくらい熱がこもる。その僕が感心するほど古田さんの語り口は熱い。「これをしたいんだ！」という思いの強さがすごく伝わってくるし、あのトークを初めて聞く人にはビビッとくる。だが、いつもそれを近くで聞いているスタッフは、あの熱く語る感じそのものに慣れてしまって、新鮮さが持続しないのだという。「『また古田はそんなこと言っている』という目で見られてしまうんですよ」とぼやく姿は、僕も他人事ではないなと、まったく同感なのだった。僕自身も、事務所内で思いの丈を熱く語っていた時期があるのだが、コアメンバーの顔には「また同じこと言っているわ」と書いてある気がして、言いよどんでしまうことがあった。

けれども、本来はそういう熱く語るような部分こそ、いつも共有しておかなければいけない大事な部分であったりする。どういう風に、いかに飽きさせずに、新鮮さを保ったまま、スタッフ間の意識を共有させるのか。自分とスタッフとがある程度同じ温度で仕事に取り組めるか。これが目下、古田さんと僕とに共通した課題なんだなとわかった。

ならばいっそ、山崎がumariへ出かけて行って、「これからはこれが大事になると思う」と古田語録に近いようなことを語って、逆に古田さんは、studio-Lに来て、「これからはこれが大事になると思う」と山崎語録を混ぜながら語ってもらうというのはどうかと。そんな斬新な「合同研修会」のアイデアが飛び出した。同じ熱いトークでも話し手が変わることで「あっ、うちの代表の他にも同じように思っている人物がいるんだ」とスタッフが思い直すことができれば、ちょっと新しい風が吹くかもしれないねと。そんな半分冗談のような、でもわりと大真面目な相談を、僕らは秘かに行っていた。

（山崎亮）

CONVERSATION

3

起業家としての成功と、会社の成功

遠山正道

（株）スマイルズ代表

とおやま まさみち／1962年東京都生まれ。慶應義塾大学卒業。85年三菱商事入社。97年日本ケンタッキー・フライド・チキンへの出向を経て、2000年三菱商事初の社内ベンチャー企業「スマイルズ」を設立。現在、「Soup Stock Tokyo」のほか、ネクタイの専門ブランド「giraffe」、新しいリサイクルショップ「PASS THE BATON」を展開。近著に『成功することを決めた』『やりたいことをやるというビジネスモデル - PASS THE BATONの軌跡』

個人性と企業性を両立できるのが食の小売り業だった

山崎　遠山さんにどうしてもお話をお聞きしたいと思ったのは、大きな会社のご出身ながら、フードチェーンで出向経験を積んだ後に会社を興したプロセスと、その後のユニークなビジネス展開に関心があったからです。

僕は遠山さんの会社が運営するPASS THE BATONという新しいリサイクルのお店が大好きで、いつも買いものしているんです。遠山さんは、従来にはない形のリサイクルショップを表参道ヒルズに開店しちゃう等、大胆な企画でも実際にやり通してしまうところがありますね。大企業だったら、そんなこと無理じゃないのと言われるようなことでも「いや、実はできるかもしれないな」と感じさせてくれたのが遠山さんだったんです。

遠山　簡単に経緯を話すと、慶應義塾大学を卒業してから一九八五年に三菱商事に就職し、勤めて一〇年たった頃に、「このまま定年を迎えたら、自分は満足しないんだろうな」と、はっきり意識したんですね。何かやらなきゃと思いまして。

それで、絵を描くのが好きな僕は、絵の個展をやることにし

起業前、三菱商事社員時代

ました。ある人が背中を押してくれたり、時限を設けた方がいいと助言をくれたりして、じゃあ一年以内に絵の個展をやろうということになった。ほとんど妄想です。でもそれが、実現しちゃったんですね。

山崎　すごい！

遠山　それまで、絵といっても、イラストぐらいしか描いたことがなかったんですが、まずギャラリーを借りて。キャンバスに向かい、一年間で七〇点もの絵を描いたんです。おかげさまでうまくいき、「ああ、これで俺の夢が実現した」って言ったら、ある人から「そんな小さな夢には付き合っていられない。これは夢の実現じゃなくて、ここからがスタートだろう」と指摘された。でも、アーティストとして食べていけるなんて思っていないし、サラリーマンでそのままいっても調子が悪いなと思ったんです。そこで浮かんだのが、個人性と企業性という言葉。それらがともに実現できそうなのが食の小売業でした。

山崎　まずは、会社という組織のなかで突破口を開いていったんですね。

遠山　三菱商事は、原料や製品、機械の輸出入といった基幹産業が主ですが、私はもっと自分でジャッジできるもの、手触り感のあるものをやりたかったんです。そこで、食や小売業にまつわる仕事ができないかと社内を見渡し、関連会社の日本ケンタッキー・フライド・チキン（KFC）に目を付けました。でも、当時の私は情報産業グループの社員。いろいろ無理を言って、なんとかKFCに出向させてもらったんです。

1996年に実現した初めての個展

社長になる！と決めた

山崎　そこからどうやって、新規事業を構想したんですか？

遠山　何か新しいことをやりたいと考えていたある時、女性がスープをすすってホッとひと息ついているシーンが思い浮かんで。大事なものに出会った感じがしたんです。そこで、アイデアを温めて、「一九九八年、スープの有る一日」というタイトルで、物語仕立ての企画書を約三カ月かけて書きました。それが九七年。未来の出来事をさらに未来から振り返る設定で、全部過去形で書きました。それを当時のＫＦＣの社長が「面白い」とＧＯサインをくれて、一号店をお台場のヴィーナスフォートにオープンしたんです。

山崎　そこから、どんどん事業展開していったんですね。

遠山　一号店がいい感じでスタートしたのですが、僕は三菱商事に戻ることになり、戻ってからは三菱商事内で会社をつくりたいと、私も個人で出資して、今の「スマイルズ」という会社を設立しました。そこでSoup Stock Tokyoを始めて二〇一三年で一四年目になります。

一〇年たった時、オーナー経営者として独立するために二〇〇八年にＭＢＯ（マネジメントバイアウト）をして、三菱商事から株を買わせてもらい、今は私が一〇〇％の株主であり、代表をしています。そのあとに、giraffeというネクタイのブランドや、リサイクルショップのPASS THE BATON、それからmy pandaというツートーンをテーマにしたファッションブランドと、いろいろな事業を拡大し今に至ります（※二〇一四年四月よりmy pandaは株式会社my pandaとしてスマイルズより独立）。

山崎　いろいろな業態に展開して五年目ということですね。ＫＦＣに出向した時にはすでに、将来は独立し

Soup Stock に関して、その全体像を簡単にご理解頂く為に、物語仕立てにして纏めました。
私共の考え方をご理解頂きたく、是非とも最後までご一読頂きます様、お願い申し上げます。

1997 年 12 月 12 日 遠山 岡本

「1998 年 スープの有る 1 日」

scene 1
1. プロローグ
2. メニュー
3. 夏期対策
4. 立地
5. 物販
6. オペレーション
7. 店舗コンセプト
8. 店舗イメージ

scene 2
9. 成功の仕組み
10. 成功のはらわた
11. 2002 年拡大の様子
12. 本当の狙い・目標
13. ベンチャー
14. 思い起こせば

物語仕立てで書いた企画書
「1998 年、スープの有る 1 日」

「1998 年 スープの有る 1 日」

scene1

＜プロローグ＞
恵比寿の日本ｾﾝﾀｯｷｰ･ﾌﾞﾗｲﾄ･ｷｯﾁﾝの秘書室に勤める田中は、最近駒沢通りに出来た（仮称）Soup Stockの具沢山スープと焼きたてパンが大のお気に入りで、午前中はどのメニューにしようかと気もそぞろだ。
（→具沢山のスープと焼きたてパン）

KFC ポリッシー担当のいつもの仲間と昼食に出るとき、女性だけで行ける店は限られていたが、Soup Stock が出来てからは頻繁に通っている。メニューに表記されている Nonfat や Lowfat の文字は、彼女達にとっては神のお告げに見えるようだ。
（→女性の行ける昼食の店の圧倒的不足。ナチュラル、ダイエット需要）

大顔原と Mr.UNO は、早食い大食いで有名。Soup Stock でも 500cc の L サイズと焼きたての黒パンを平気で平らげるが、部屋に戻ってからはベルトを緩めているらしい。
（→男も、食べてみれば十分なボリューム）
吉沢は、意外に気が多く、10 種類以上のメニューを決め兼ねているうちに、並んでいた順番が自分に来ていつも慌てる。 **（→魅力的で豊富なメニュー。とても早いスループット）**

今やすっかり、具沢山スープは食生活の一角を成したが、登場した当時は新鮮だった。
・・考えてみれば、スープというものは、0 歳～100 歳まで、男女・国籍・貧富・宗教を問わず、早朝から深夜、食事、おやつ、夜食まで、やたらと範囲は広く、明快に「スープは嫌い」と宣言する人も無く、さては、これほどのポテンシャリティを持った飲食物は、水をしてもまだ見当たらない程のものなのである。
かつては、スターターやサイドとしての役割を背負わされていたが、スポットを浴びせてからは、いきなりブレークし、各々が夫々のスタイルでスープを食生活に取り入れだした。
（→SOUP FOR ALL. Anytime Anywhere. High frequency）

て小売業をやっていこうと決めていて、その勉強のために出向するというモチベーションだったのですか？

遠山　出向した時、当時のＫＦＣの大河原毅社長宛てに、手紙を書いたんですね。「三菱商事の遠山」じゃなくて「個人の遠山」としての私信です、と書いた上で、「私は四三歳までに社長になりたいんです。だから、よろしくお願いします」とお伝えしたんです。

山崎　四三歳？　その数字の根拠は何だったんですか？

自分でジャッジがしたいから

遠山　三という数字には、ちょっとしたこだわりがあるんです。三二歳の時、個展を後押ししてくれた人から「年齢は四捨五入じゃなくて三捨四入だ」って言われたんです。二〇代は二三まで、三〇代は三三まで、四〇代は四三まで……。あとはもうみんな一緒だって。私、将来を描くのが苦手なんですけど、その時には二つだけ明確な目標を持ちました。一つは「三三までに個展をやる」。もう一つが「四三までに社長なる」ということです。数字の目標があったことで、未来の計画ができたんです。

山崎　そういうことだったんですね。

遠山　実際には三五歳の時に出向して、三八歳で社長になれました。ちょっと前倒しできましたね。

山崎　やっぱり出向した時から、中身はわからないながらも、将来は社長になろうと思っていたわけですね。

遠山　その時の感じでは、とにかく、サラリーマンで終わるのはいやだから何かしなきゃ、というモチベー

Soup Stock Tokyo1 号店。お台場ヴィーナスフォート

ションですね。小さくてもいいから、社長がいいんじゃないかと。当時を知る仲間が、「遠山さん、あの頃、『自分でジャッジしたい』ってよく言ってました」と。言われてみると、確かにサラリーマン生活では自分で決めることってすごく少なくて。だから、何か、とにかくジャッジしてみたかったんでしょう。

しかも、「手触り感のある小売業」なんていう言い方をしている私は元来、好き嫌いがはっきりしている。それならば、好きなものに囲まれて仕事したい。そんな動機だったと思うんです。

Q（会場）——社長として働くとは、どういうことですか

遠山　明確な答えは、今この時点で特に用意していないんです。そこで、私がどんな社長であるかということを話してみようと思います。でも、みなさんが参考にするという前提じゃない方がいいかもしれない。それぞれの方が自分なりに咀嚼していただければと思います。全く模範じゃない可能性が高いですからね（笑）。私は普段、一般的に社長といって想像されるようなことは、まったくやっていないと言ってもいい。たとえば、経営会議。うちでは毎週行っていますが、経営会議で私が発言することはほぼないんですね。たぶん、「はい」「うん」「わかりました」の三語しか使っていない。

山崎　言葉としては三つでも、言っていることは一つですね（笑）。

思いついちゃったアイデアの営業マン

遠山　基本的に私は仕事を丸投げするんです。人事部は人事部、営業部は営業部、経理は経理。それらは明らかに、私より得意な人たちが担当しているので、特に経理はまず、私、無理だからお願いしますって感じ。

山崎　それは、何となくわかりますね。

遠山　人事も、研修とかいろいろあるじゃないですか。

山崎　人事も口を出さない？

遠山　はい、ほとんど口出しします。それから営業も。

山崎　人事、営業なんかは、口出ししてもいいのかなと思いますが。

遠山　それでも、新事業のプロジェクトマネジメントには、しっかり関わっています。ちゃんとマネジャーはいるんですが、新しいアイデアを出してそれを具現化するあたりは、これぞ私のやることという感じで。ただ、いくつかの事業を立ち上げてきましたが、残念ながら――と一応言っておくんですけど、ほとんど私が言い出しっぺなんです。本当は私ではなく、社員から自発的にアイデアが出てきて、「それ、めっちゃいいじゃん！」といって面白い事業ができるのが理想ですけど、それは今後そうなっていくことを期待して。

私、何かが生まれる時の、もぞもぞした感じが好きなんです。ある時、なんか思いついちゃって「始めちゃおう」って。プロジェクトを始めるのは好きだし、楽しい。それが立ちあがってからのプロマネ業というか、思いついちゃったアイデアの営業マンみたいな感じが私なのかなと。そこではいろいろアイデアを出しますし、ネットワークでいろいろな人をつないでいきます。そこにも面白さを感じます。

社長の役割は常にウキウキしていること

山崎　今、社員は何人ぐらいいらっしゃるんですか。

遠山　社員が二〇〇人ぐらいで、アルバイトが一四〇〇人ぐらいです。

山崎　それだけの規模があって、社長としては、仕事をそれぞれの部にほぼ任せているんですね。

遠山　任せるのは、実務ですよね。実務じゃないところでの社長像という意味では、社長は社員を養う責任があって、社員には家族がいて……、社長は何千人分もの責任を背負っているんだ、という言い方をする人がいますよね。おっしゃるとおりですが、誤解を恐れずに言えば、私はそれは無理だと思ってるんですよ。

社員一人ひとり、その家族のことまで含めて「中村君、調子はどう？　お母さん元気？」とか気にかけるよりも、私は会社が進んでいく先の方へ体ごと向いて楽しそうに歩んでいく。社員が追いかけてきて、「あ、遠山さん、またあっちの方までいっちゃってる」「ああ、それじゃあ、僕らももっと先までいってみなきゃ」みたいな感じに持っていければいいなと。羅針盤のような役割は社員にはできないじゃないですか。

だから、格好良く言えば、「みんながやりたくなるような、やるべきこと」に常に向かっていって、常にウキウキしているというか。「ヤバい、遠山さん、またなんか思いついちゃったみたいだけど」って。

山崎　楽しそうな顔をしている感じが、社員にも伝染するような。

遠山　そういう「感じ」でいられるのが私の役割かと思いますね。そうすることが、私自身も楽しいし、会社も楽しいし、世の中に対しても「スマイルズ、次はこうきたか！」「ああ、ちょっと思いもよらないよね」みたいなミラクルな球を投げられる。でも、別に突飛なことをやっているつもりはないんです。立ち上げた事業はいずれも、新しさ、斬新さを評価されますが、基本的にまじめなんです。私自身が三菱商事にいたし、つい数年前まで三菱商事が株主でした。一時期は、監査役が四人もいましたし。

山崎　うわ、ものすごくまっとうですね。

遠山　私、PASS THE BATONを始める五年ぐらい前までは、Soup Stock Tokyoの一本足打法でした。まず、そういう生まれ育ちの会社だということが基礎にあるんです。

やりたいことをビジネスに着地させる

遠山　PASS THE BATONのこれまでの軌跡に触れた本（『やりたいことをやるというビジネスモデル― PASS THE BATONの軌跡』）、では、本当はタイトルに相当するキーワードを、長いバージョンで考えていたんです。私の本音は「やりたいことだけをやってビジネスになれば、こんなにありがたいことはない」。だけれども現実は、「そんなうまくいくものは見たことがない」。そのギャップをどうするかが鍵なんですね。

考えてみれば、やりたいことがないと事業はスタートしない。やりたいことがあっち側にあって、こっち側にはビジネスみたいなものがあったとしたら、両方のバランスを取りながらも、やりたいことに忠実に、それをビジネスというフィールドで着地できるようにしようじゃ

PASS THE BATON 丸の内店

ないか、というのが僕のスタンスなんです。着地させるためには、経営陣にも中間層にも現場にもビジネスを普通にきっちりできる人たちがいないと成り立たない。だから、うちの会社は意外にみんなまじめで、やるべきことをやってくれているなと感じます。

企画書という「物語」を共有する

Q――仕事をする上で、譲れないものは何ですか

遠山　日頃、口にしている言葉の一つを持ち出して言うならば、「美意識」でしょうかね。「美意識」と言うと、社員はみんなビビるわけですよ。「ああ、美意識ですか。すいません」と。だから、社員の意識の持ち方も、自然とハードルが高くなっちゃう。「これをやったら遠山さん、いやがるだろうな」とか、自浄的に抑えが利いている。たとえば、Soup Stock Tokyo の成り立ち一つでも、美意識とか意義をしっかり決めてあって、結構うるさいんですよ。Soup Stock Tokyo でカレーを出そうという話が持ち上がった時に、何カ月も大議論になったんですね。カレーは、果たしてスープの範疇になるかどうか、とかね。

山崎　確かにそうだ。

遠山　僕が最初に書いた企画書には「カレー」って書いてあったんですよ。うちのスープって、ブイヨンとかソースの延長でできあがっているんです。そういう成り立ちから考えると、カレーも同類だし、僕自身はぜんぜん問題ないと思っているんだけど、うちの社員が「カレーはスープと同じジャンルであるか」ということで、相当議論を詰めた上で、もう飛び降りるつもりでカレーを始めた、なんていう感じでした。

あるいは、デザインについて「スープに彩りがあるから、素材以外の余計な色は使わない」って僕が企画書に二〜三行で書きました。なので、いまだにSoup Stock Tokyoのロゴですら、墨一色のデザインです。

建築や内装にしても、ステンレスとか、木、モルタル、ガラスといった素材以外には、意味もなく壁を紫に塗るようなことは一切しないんです。リーフレットのなかで色があるのは素材とか、写真に写る空の色だけで、デザインとして作為的にオレンジ色を引くことはない。唯一、色を使ったのは五年ぐらい前のことです。「今日はちょっと一件、ご決裁をいただきたいんです」ってクリエイティブの担当者がきて、「冷凍スープの名前の前に、種類を見分けやすいように、野菜のスープは緑色、お肉のスープは赤、魚介類には水色のちょっとした点を打ちたい」と。じゃあ、機能を優先しようといって、水色の点を使うことにしました。

山崎　そこまでいろいろ議論するんですね。

遠山　Soup Stock Tokyoの場合は、企画書に「こうあるもの」が具体的に書いてあるんです。物語で書くと、パワーポイントの箇条書きのプレゼン資料と違って、映画の脚本みたいな具体性が出てくる。その企画書には写真のイメージも貼り付けましたが、たとえばSoup Stock Tokyoの映像作品をつくるとしたら、名前は何で、場所がどこで、どんなインテリアで、どんなユニフォームを着て、お客さんはどんな人でと決まっていないと、写真が撮れない。だからかなり具体的に「もう決めてある」書き方です。

それがある以上は、そこからはずれないように社員の意識ができるんです。経営会議の席でも、彼らの方がちゃんと考えていてくれるから、私がムッとするシーンは年に一度ぐらいですむわけです。

山崎　経典のように、企画として最初につくったストーリーがみんなの頭のなかにもちゃんとあると。

遠山　よく言うのは、ブランド名よりも「Soup Stock Tokyo」という人物、あるいは「スマイルズ」という人物として捉えなさいと。私だったら、私という人間の個性や思想がありますよね。ブランドにも会社にも、そういう人物像みたいなものがあって、そこを犯してはいけないみたいなことがあるんだと考えています。

山崎　絶対に譲れないものは、そこなんですね。美意識をどう伝えていくか。最初の企画書で書かれた、その物語の雰囲気を犯すようなことはしてはいけないという意識が、共有されているわけですね。

遠山　物語のなかの人物像を描くような意識の共有の仕方をしていると、いろいろなシーンでそれが活きてくるんです。道義にもとる「人としてそれはまずいでしょ」みたいなことは、その○○さんに対して申し訳が立たないから「まずいな」ということになるし。安いからいいか、みたいな妥協に陥らないのも、あるパーソナリティを備えた○○さんに対するリスペクトによってハードルが上がっているからだと思います。

憧れの外食産業になりたい

Q——どんな社長を目指したいですか

遠山　本当は「あれやりたい、これやりたい」ということを、もっともっとボンボン出していった方がいいかなという気はしているんです。結構、私が遠慮してしまっている部分があるみたいですね。だから、あんまり先回りして遠慮しないで、もっと無邪気にやりたいことを言っていく、ということかな。

山崎　会社全体は、どういう方向に持っていきたいですか？

遠山　社員のその先の家族のことまではわからないと話しましたが、会社が向かっていく先々への向き合い方に軸を置いていると言いたかっただけで、あたたかな会社をつくりたいと思っているんです。たとえば、河口湖に社員向けの別荘を建てて、みんなで行けるようにしました。

店長たちによく言っているのは、皆に憧れられる店長になってねと。会社全体が、憧れられる存在になりたいなと僕自身は思っているから。私のなかには、一〇〇店舗より一〇〇〇店舗の方が偉いという価値観はないんですけど、やっぱりうらやましがられたいとか、憧れられたいという感じはあって。

スマイルズはSoup Stock Tokyoが八〜九割を占める会社で、外食産業なんですよね。現実的には、「外食産業なんか」という言われ方をされたりする。たとえば、うちの男子社員が結婚する時、その奥さんのお父さんから、「お前の旦那になるのが、外食のやつなんかでいいのか」なんて言われたりすると、めっちゃ悔しいじゃないですか。実際には、ただ座って仕事を待っているだけの人だっているかもしれないし、一方で自分から仕事を取りにいくスタッフだっていますから。

山崎　一言で外食産業といってもいろんな関わり方があるわけだ。

遠山　そう見られるのも、ちょっとはわかる気がする。だから、そう言わせたくないのは見え方だけでなく、自分たち自身が本当に「面白い会社で、ユニークな仕事をしている」という自負を持てたらいいなと。

山崎　面白そうと見られるだけじゃなく、面白い会社だと社員それぞれが実感できるような感じですね。

遠山　普通の会社員なら別荘はなかなか持てないけれども、うちの会社だったらシーツ代の三〇〇円で一泊できる別荘もあるぞと。あんまり夢みたいなことばかりは言っていられないけれど、ビジネスのきりっとしたところと楽しみと、バランスしながらつくっていけたらいいなと思いますね。

スマイルズの五つの言葉

山崎　仕事をしていく上で、誰かにいいなと言われたり、ほめてもらうことは、大事なのかもしれませんね。
遠山　スマイルズの「五感」という、僕が仕事をしていくうえで大事にしている五つの言葉があるんです。そのなかの一つに「賞賛」がある。私は、絵の個展を実現したことがきっかけで、今こういう形でビジネスを展開できるようになったのですが、それは、個展をやった時にみんなから「いいね！」って言われたことが素直にうれしかったからです。商社での仕事は、メーカーさんの代理営業みたいな感じでしたから。
山崎　直接、賞賛されることがないんだ。
遠山　いいねと言われても、我々のことじゃなくて、そのメーカーさんの商品のことを言われていたりするんです。だから、手放しで喜べない感じがあった。個展の時は、みんなに「最高だから、僕の個展にぜひ来て」って電話しまくっていたんですけど、手間をかけて作品がいいものになったという思いに加えて、たくさんの仲間の協力を得ることができた実感が大きかった。みんなが手伝ってくれたことがうれしかった。だからこそ、個展も、一つひとつの作品も、褒められた時には、心から喜べるわけですね。その感覚は商社のなかでは味わえなかったので、「ああ、賞賛って、すごくいいな」と思ったところはありますね。
山崎　五感のほかの四つは何ですか？
遠山　①「賞賛」、②「低投資・高感度」、③「主体性」、④「作品性」、⑤「誠実」です。
②は、低投資でもセンスや知恵でカバーする。③は、会社の看板じゃなくて自分の足で立っていますか、頼まれてもいない仕事だってやっていますか、みたいなところです。

山崎　④の「作品性」は、美意識に近いのかな。

遠山　たとえば、スープを一つつくるのに、最初にレシピ開発のメンバーがいて、その人がレシピにサインをする。それから物流に載せて、店に届いて、そこでもう一回、スープとしてつくって最後に、うちのメンバーがお客様のためにスープカップに注いで手渡すところまで、それこそいろいろなバトンでつないでいく。途中のバトンを持っている人がそれぞれ自分の役割を自分の作品だと思って、それぞれがサインをして次に渡すような思いで、仕事をしていけたらいいなと考えています。スマイルズの五感は、一〇年前、うちの会社らしさを表す言葉を探るために社内アンケートをして、導き出した言葉なんです。五つの言葉のいずれもが、どこかから借りてきた言葉じゃなくて、自分たちの内側から出てきた。そこに意味があります。カーネギーとか、徳川家康の言葉を借りるんじゃなくてね。だから、使い勝手がいいというか、堂々と使える。

「公私混同」ではなく「公私同根」

Q――これこそが、自分がデザインした新しい働き方だと思うもの。それは何ですか

遠山　たとえば、私の場合は出向先で新しいビジネスを着想して、もとの会社に戻って起業する形になりましたが、一貫しているのが「公私同根」であること。これは、「スープのある一日」をプレゼンする時に思いついた言葉で、「おい、それを言うなら、公私混同じゃないか」って突っ込まれることはわかっていました。その時、答えを返せるようにと考え抜いて浮かんできた言葉です。公私はもう、根っこが一緒というレベルまで仕事を楽しむし、楽しめるように持っていくことですね。私は仕事していると、楽しくてちょっと小躍

りしちゃうことがあるんですよ。バンザイしちゃったり。「あ、遠山さんの、小躍り出た！」と、みんなに言われます。でもそういう感覚は残念ながら、三菱商事の仕事のなかにはなかったんですね。

山崎　三菱商事の仕事をしていて小躍りしていたら、ちょっと変わった社員ですよね。

遠山　実際にはあり得るでしょうけれど、私の場合は、絵を描いている時に「あ、これいいね」なんて小躍りしながら描いていて、ビジネスもその延長みたいな感じです。だから仕事も、絵を描くのも、子どもの父親であるのも、公もプライベートも、みんな根っこは一緒の感覚なんですね。格好よく言えば、自分の人格も含めて仕事に当たるし、あるいは個人の興味みたいなことを引き寄せながらビジネスにしていく。それこそが働く面白さだろうと。そういう働き方を、先回りして「公私同根」と言ったんです。

山崎　公と私を分けるのではなくて、自分が好きだと思ういろいろなものを信じて事業化まで持っていく。

「これが私がデザインした新しい働き方だ」ということの根っこは、公私同根、ですね。

遠山　新しいプロジェクトをスタートする時も、その発案者の持つ必然性に期待したいと思っています。もしマーケティングを重視した場合、その前提である状況が変わったら、そのプロジェクトも変わっちゃうわけ？　みたいな感覚があって。どこを信じていいのかわからなくなる。だけど、その人の生まれ育った環境や意思みたいなものが発露している地点からスタートしていれば、あとはもうやってよ、と。「うまくいくまで頑張って」って言っていればいい。だから、個人の内側から生まれてくることに信用をおきたいですね。

Q――スープとネクタイとリサイクル品とアパレル。異なる業態で、シナジー効果は得られますか

遠山　シナジー効果があるかといえば、ない。ないというか、別にそれを期待はしていないんです。「スマイルズさん」にとっての興味がリサイクルにも向いたということだと思うんです。リサイクルは現代人のたしなみだと思っているんですけど、私自身は環境論者でも、ストイックな人でもない。ただ、現代人のたしなみとして、ペットボトルがあったら外側のラベルをむくなんてことは当たり前にやりますよね。

そういう感じで、リサイクルに関しても、企業のなかで普通にちゃんと採り入れたいと考えて。そこから発展して、「スマイルズがリサイクルをやったらこうなった」というふうに面白いことができたらな、と発想したんですね。

ネクタイのgiraffeでいえば、要するに、サラリーマンが会社に首を締められている場合じゃない、と。一人ひとりが自分で自分の首をぎゅっと絞めて、giraffeってキリンですけど、一人ひとりがキリンのように高い視点で遠くを見つめる、そういうまなざしを持って暮らしていければ、世の中よくなるだろうという思いがありました。

「だからネクタイブランドを始めたいんです」って、当時の情報産業部門の部長に言ったんですけど、意味がわからないって言われました。諦めきれず、その五年後にアパレル部門の部長にも持っていったんですが、「君はスープをやってなさい」って、二度提案して二度却下された。それならと、個人で始めたんです。

山崎　なるほど。

遠山　だから、シナジー効果は、Soup Stock Tokyoにもgiraffeにも、直接的には一ミリもない。でも、その根っこのところの生活の思想みたいなもの、リサイクルは普通にやるし、サラリーマンももうちょっと視線を上げて頑張ろうよ、みたいな共通の温度はあるんですよ。なんか私、ついつい、いけてないものの対象に、無意識にサラリーマンを入れちゃうんです。ごめんなさい。

山崎　入れちゃうんですね。

遠山　でも実際は、今使っているマイクだって、この水だって、建物だって、どこかのサラリーマンの仕事があるからあるわけで……。なければ一歩も立ちゆかない。だから頑張ろうよ、みたいな。お節介なんですけど。そういう「スマイルズさん」という人物の思想としてのアイデアが、いろいろな形で出てくるんです。たとえば、今後は、映画に興味があれば、「映画つくっちゃったよ、スマイルズ」みたいなものもいいかもしれないし。シナジーはないけど根っこは底通していて。それぞれ「ああ、同じスマイルズがやってる事業なんだ。何となく納得」という感じが出ていれば、ちょうどいいなと思えるんです。

マネジメントのコツはない！

山崎　今後ひょっとしたら課題になるのは、いかに、社員が事業提案していけるかということかもしれませんね。先ほど「残念ながら」と前置きされたみたいに、今の事業は全て遠山さんが発想されていて、遠山さん色で共通していますが、これからはスマイルズの社員が、「スマイルズさん」を意識しながら事業

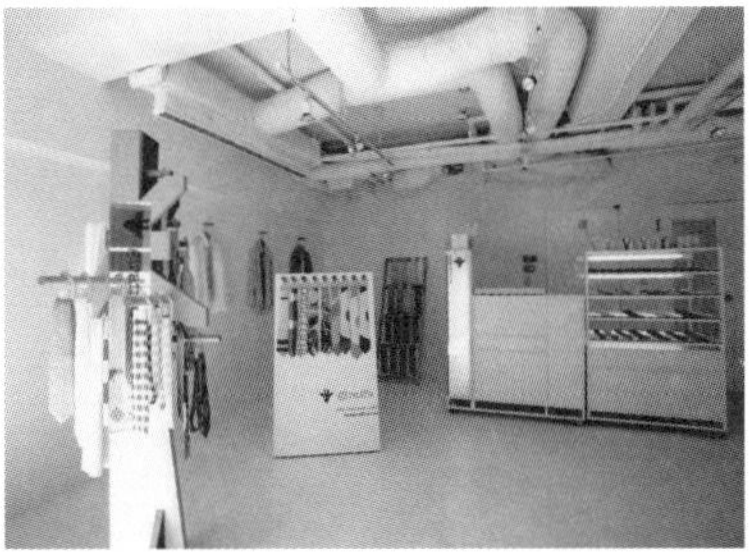

giraffe 代官山店

提案して、走らせる。そうすれば、本当の意味でスマイルズ色になっていくということでしょうね。

遠山　そうですね。

山崎　個別の事業にシナジー効果を期待しているわけではない、と言われましたが、それぞれに個性を持つ事業をマネジメントしていくコツがあれば、教えてほしいのですが。

遠山　コツなら、ないっていう感じで……。大変なことならたくさんあって、何をやり始めても、全然うまくいかないです。Soup Stock Tokyo の事業も、売り上げは伸びて出店も増えているんですが、利益が安定し始めたのは八年目ぐらいからなんです。

山崎　そうなんですか。

遠山　giraffe は本当に苦労して、黒字に転じたのは七年目ぐらいです。PASS THE BATON も四年目で何とかなったという感じでした。ビジネスなんて利益でいえば、うまくいかないのが当たり前と思った方がいい。だからこそ、もともとが「ちゃんとやりたくて、やるべきこと」じゃないと続かないし、踏ん張れない。Soup Stock Tokyo、PASS THE BATON、それぞれカラーがあるから、ここは一緒にはできないなみたいなところがあるんです。仮にスープで人が余ってるから、じゃあ PASS THE BATON の方にきて、というのは難しい。

山崎　人事交流はしてるんですか。

遠山　あってもいいんですけど、誰でもいいということにはならない。PASS THE BATON 側も、この人だったら欲しい、というのは当然あるので、実際は別々にやっているつもりぐらいの感じですかね。

スマイルズのような小さな会社でも、だんだん大きくなってくると、守らなきゃいけない最低限のルールはあるんですよ。ポスレジを使うとか、勤怠管理をするとか。でも、新しい小さいビジネスを始める時にはポスレジなんか必要ないし、ザルにお金をためるようなところからスタートするかもしれないでしょう。

山崎 個別のプロジェクトごとに工夫している感じですか？

遠山 工夫というより、それぞれがバラバラに楽しくという感じですかね。商社だって、自動車部と燃料部と繊維部とは全然違うし。

山崎 ご出身の商社的なモデルは、やっぱり影響しているのかもしれませんね。そういう「事業部ごとにちゃんとやっていこうぜ」という感覚は。

遠山 だから結構きついですよ。うちの事業部長は毎週、経営会議でガンガンにやられてげっそりしながら働いています。横で見ていて、大変だなあ、と。

山崎 社長さん、他人事みたいに（笑）。

頼まれもしないことを、あえてやってみる

Q——ほっとする瞬間はどういう時ですか。アイデアはどんな時に浮かびますか

遠山 アイデアが浮かぶのは、お風呂のなかと、寝入りばな、布団のなかが多いですね。

山崎 寝入りばなは、大丈夫ですか？ 起きても覚えています？ メモしておくとか。

遠山 寝入りばなに思いついちゃって、いろいろ考えだすと、もう眠れなくなっちゃう。そういう時は起き

だして、メモをして。それで絵を描いてみたりして、また寝室に戻って。でも、やっぱりこうかなとまたガバッと起きて、その繰り返し。

山崎　僕も一緒ですね。で、結局、朝になっちゃうんですよ。僕の場合はパソコンでバーッと書いて、その場でスタッフに送るんですけどね。送ったあと、寝に行くんですけど、「ああ、もっとこっちの方がいい」って起きだして、パソコン開いては、また送る。一晩に五件ぐらい送っていることがあって。しかも、言ってることがちょっとずつ違うので、受け取ったスタッフたちは「どれが正解なのか」って。

遠山　あとは、河口湖に向かう高速道路で運転している時に、ふっと考えが浮かぶことがある。きっと、手がふさがれていたり、暗がりだったり、ぼーっと考える他に何もできない時なんでしょうね。

山崎　お風呂、寝る、運転する。みんなそうですね。昔、雑誌で読んだのは、アイデアが浮かんだ時に逃さないようにと、お風呂にも耐水性のペーパーと水のなかでも書けるペンを置いておく人や、家じゅうにメモ帳を置いている人がいると。僕も試してペンとメモ帳を家じゅうに置いてみたけど、結局は使わなかった。思いついても忘れることは、その程度のアイデアだということですね。

遠山　PASS THE BATON の本を書いていて、昔のパソコンデータを探っていたら、絵本の物語が出てきたんです。事業プランを考えていたら、それが絵本にまでなっちゃったものです。それもたぶん、寝入りばなのロングバージョンの時に思いついたんでしょうね。小高い丘に少女が登ってくる。白いひげのおじいさんがやってきて、会話が始まってという、一つのストーリー。私のアイデアなのに、不思議だなって思いました。こういう、誰にも頼まれていない仕事みたいなことを進んでするようには心がけています。

山崎　さっきの主体性のところですね。

遠山　お題目を与えられて返すだけだと、仕事じゃなくて作業なのかなと。言われてもいないのにやる仕事が「本当の仕事」であって。あの絵本の物語は誰のためにつくった何だったのか、いまだによくわからない。

山崎　我々も、頼まれもしないのに、っていう仕事は、よくやるんですね。建築家の安藤忠雄さんは、頼まれもしないのにスケッチを描いては提案しにいくタイプだったそうです。僕も影響を受けているのか、大阪の地図を広げて、ダーツがたまたま当たったところに入っていって、「この地域に何か課題はないですか？」って聞きまわってはコミュニティデザインの活動をする、ということを長い間やってきたんです。実は今でも伊賀にある製材所では、お金も何ももらってないけど続けているプロジェクトがあったりもします。

遠山　お節介系な感じですね。この間、お節介系でまた一つ形になったものがあります。飲食の現場では、ダスターという、使い捨ての布巾を使うんですね。

山崎　ちょっと強いキッチンペーパーみたいなやつですね。

遠山　そう。ピンクとかブルーとか、ものすごい色をしている。汚い所を拭くのがピンクで、テーブルの上がグリーンでとか、識別できるようにという意味もあるんですけど……。

山崎　どぎつい色ですね。

遠山　普通のグレーのダスターは、どこを探してもないんですよ。それで無印良品をやっている良品計画に出向いて「つくってください」と提案して。ほぼ一年以上かかりましたが、とうとうグレーとベージュと白のものをつくってもらいました。

山崎　頼まれもしないけど、やりましたね（笑）。
遠山　我々には、何の得にもならなかったけど。ただ、そこから買えるのがメリットですかね。
山崎　いいですね。

Q——地方で事業を行うとしたらどんなことをしたいですか

遠山　具体的にこれというのは、今ないのですが、三〜四年前に那須高原で giraffe も参加した、「スペクタクル・イン・ザ・ファーム」というファッションショーが印象的でした。丘の向こうから馬車が出てきて、蝶ネクタイをつけたアヒルやネクタイをしたアルパカ、五〇頭ほどの羊が登場し、鷹が飛び回って、感動しました。
　まさに、地方の力。丘の向こうから出てくる設定は、東京じゃあり得ないですから。そう考えると、地方ってすごい。地平線がある、でっかい空がある、空気がおいしい、野菜もうまい、人件費も固定費も東京と比べて割安。補うとしたらセンスとか集客ですね。だったら、センスと集客だけ手助けすれば、東京じゃできないものが地方でできるんじゃないかって。そう発想すると、なんかメラメラしてくる。
山崎　メラメラしてきますね。復興支援員とか、集落支援員とか、地域おこし協力隊。これは総務省の事業ですけれど、そういう人たちこそ、まさにそういう視点が必要だと思うんです。東北の復興支援で、困りごとに一つひとつ対応しているだけだと、本当の意味の仕事という感覚は持てないかもしれない。頼まれもしないけれど、こうしたら楽しいんじゃないとか、こういうこともできるじゃんとか可能性を提示して、まわりの人たちに「その手があったか」と思ってもらえるプロジェクトを起こすような。

遠山　「なんでこうなっちゃうの、という世の中に対する苛立ちや疑問から、Soup Stock Tokyo は生まれました」と本の一行目に書いたんです。ファストフードって「早い」というだけの意味なのに、安かろう悪かろうになってはいないか。うちがファストフードをやったらこうなる、と示してみたかった。リサイクルショップも、そういえばイケてるリサイクルショップってないよなと気づいた時に、「やった！」と思って提案したんです。世の中のダメなものを見つけると、うれしいというか。だって、よくすりゃいいんだもの。

山崎　確かにそうだ。

遠山　そういう意味でいうと、地方って、課題がたくさんありますよね。課題の宝庫。地方出張でビジネスホテルに泊まっても、「なんでこうなっちゃうのかなあ」みたいなものがいっぱいある。なんでこんな取っ手なの？　朝ごはんがこれ？　それだったら一階に Soup Stock Tokyo、その上に部屋があって一泊七千円というビジネスモデルを、うちの社員の誰かが提案してくれないかなあ、とか。

山崎　ダメなものならお任せを（笑）。まだまだいっぱい、アイデアの種はあるわけですね。

遠山　たぶん、限りなく。そういうものを考え始めるとキリがなくなりますね。

小さなことでも、心が動く瞬間を逃さない

Q——最近、感動した出来事は何ですか

遠山　山崎さんは、最近感動したこと、ありますか？

山崎　今、瀬戸内海にある広島県の離島に通っているんです。「しまのわ」というプロジェクトに関わっていて、離島に住んでいるキャラの濃いおっちゃんやおばちゃんたちに会いに行くツアーをつくろうと思っているんです。ある島では高齢化が進んでいて、六五歳以上の人口全体の半分以上で、しかもどんどん減っていっている。観光にはあまり取り組んでこなかったところで、新しいツアーを始めれば外から人が入ってきますから、おっちゃん、おばちゃんたちに観光案内所みたいなことをやってもらおう、という案が浮かびました。ただ、みんなお年を召していますから、あまり労力を使えないんですよ。体力もないし、語りもプロじゃありませんしね。みんなが集まって、いろいろ、わいわいしゃべれる場所をひとまずつくって、そこでちょっとだけ観光案内もできたらと。ゆるーくね。

おばちゃんたちが「ポットだけ置いてもらえば、自分たちでコーヒーとかつくれるから、それぐらいだったらやるよ」と言ってくれたので、港の近くにあった家に「観光案内」という表示を出して、観光客も入れるようにしようと思っています。労力をかけられないから、「省力カフェ」という名前にしようと思っているんですが。そこでは、観光客に「釣りならあそこが釣れるよ」とか、「あそこの店がおいしいよ」とか教えてくれるだけでいいですからって伝えたら、おっちゃん、おばちゃんたちが、すげえ頑張り始めて、むくむくとやる気を出してきて。はじめは「何もやりたくないよー」という感じだったのに、自分たちのできる範囲で力を寄せ合わせればできるかもしれない、とスイッチが切り替わった。自分たちで人を呼んで来たり、情報を集めたり。これには感動しています。

遠山　いい話ですね。私の場合は、この間、ある現代アートに出会って、それを購入したんです。そのアートに感動できた自分に感動したという、極めて個人的な話です。それは、赤いランプが横五つ、縦五つぐらい並んでいて、ピカピカ点滅していたんです。いかにも現代アートという印象で、興味が湧かず素通りしたんですけど、作家が説明を始めまして。そうしたら、その一個一個のランプがダメダメなんだと。精度が悪い。なぜなら、一〇〇円均一で買ってきた、自転車の後ろにつけるランプで、ハンダゴテの具合がまちまちで、速く点滅するものがあれば、遅いものもある。彼は、そのまちまちなものが理論的にはある一瞬、同時に光るのではなかろうかと考え、それを見てみたいと思った、っていう話なんです。

それを聞いて、私は、その一個一個が社員かなと思ったわけです。一見すると現代アート然としているのに、ハンダゴテがイマイチで、まちまちの速さで光る。でも、それだからこそ揺らぎみたいな味が出る。そんなダメダメなのに、一生懸命、現代アートとして背筋を伸ばしている感じがみてとれて、すごくいいなと思って。心が動いた瞬間でしたね。

山崎　なんとなくスマイルズのメタファになっている感じですね。

遠山　ビジネスのアイデアとか、組織のつくり方、自分の生き方でもいいんですが、どんなことでも、自分で思いつけたことって、すごく嬉しいじゃないですか。どこかから借りてきたものじゃなくて。小さなことでもいいから、そういうことに出会えた瞬間はうれしいし、大事にしたいんです。

何かプロジェクトを立ち上げる時に、銀行さんにプレゼンに行ったり、上司を説得したり、仲間を巻き込んだりするわけですが、その取っかかりのところが、自分のなかから何かポコッと出てきた「見つかっちゃったもの」みたいなことがスタートだったりすると、すごくいいなと思うんですね。この現代アート体験は久々に、自分のなかから「ポコッ」が見つかった感じでした。

山崎　それはまさに見る側の態度が問われる現代アートの読み取り方ですよね。

次に勝負できる仕事環境を整える

Q——三菱商事で抱いていた社長像と、現在の社長像は違いますか

遠山　会社に勤めて一〇年たって、方向転換しようと思った一つの理由は、商社みたいに大きな会社になると、社長になるのに時間がかかるわけですよね。六〇歳すぎてようやく社長になれたとしても、数年ダーッと走ってバタッと倒れて終わっちゃうという。それで楽しいんだっけな、と。

山崎　下手したら二年目ぐらいで、記者会見で謝らなきゃならないかもしれないですよね。

遠山　四三歳で社長にと言ったのは、勝負できる環境を整えたいという意味だったんです。何かにチャレンジするのであれば、一人じゃできないから、仲間を集めなきゃいけない。共感しあえる仲間を集め、多少お金も蓄え、小高い丘に登って、そこから自分のやりたいことを見渡して「あ、あそこだ」と言って直進して行く。その準備として、社長という状況を環境設定したいと思ったんですね。最後の最後にバトンを渡されてもきついだろうなという社長像と、勝負していく社長像は全然、違う。

それから、私は偉くなっても、ちゃんと現場感があって、ちゃんと自分が楽しめて、いつでもプロジェクトマネジャーの気持ちでいる、そういうビジネスをやっていたいです。だから、若いうちに仕込みながら、半分はプロマネ、半分は一応、マネジメントみたいな立場になりたいと思いました。

実務と共感を兼ね備えた人と働きたい

遠山　有難いことに、新入社員の採用にあたっては、三千人ぐらいの応募があって、残るのは一五人ぐらいという感じなのですが、採用はすごく大変です。でも、うちの理念や企業色に共感してくれるだけじゃダメで、現場でしっかり仕事をするという、地道な世界をちゃんとやっていけるかという適性も重視します。共感型と実務型と、両方の部分を持ち合わせていることが大事ですね。

山崎　接客であれば対人コミュニケーション、ビジネスならお金の計算と、バランス感覚は大事ですね。

遠山　現場の仕事は大変です。たとえば、厨房のフードの裏側の、そのまた溝の所を指でこすって汚れをチェックした時にスベスベじゃなきゃいけないとか。冷蔵庫の扉を開けてドレインというフタを取った跡がヌルヌルじゃだめとか。とにかく、いろいろ詳細な決め事があるんですね。いくらスマイルズの理念に共感してもらっていても、現場では、売り場を清潔に保つ「クリンリネス」を保てないと無理なんです。

山崎　確かに、ベタな現場の方がけっこう大事だったりしますね。

遠山　「いい感じ」だけじゃ仕事ってできないです。

山崎　それはうちのスタッフにも聞かせたい。ほんと、そうなんですよ。「コミュニティデザインは人と人とをつなぐ仕事で、地域を元気にするし、やりたいっす！」とか言って入ってくる人たちのうち何人かは、現場に出るとたちまち心が折れますね。地域のおっちゃんたちに罵倒されたりして。

遠山　小売業を大きく分けると二種類あって、一つは独立して自分のカフェみたいなものをやる感覚の仕事、もう一つは、インフラみたいな部分を重視する仕事。うちの社員の場合は、私もそうですが、どちらかというとインフラの方に加担していきたいと思っています。だから、ファストフードやリサイクルショップという、広がりのある業態を目指しました。

Q――遠山さん個人のキャッチフレーズをつけるとしたら、何ですか

遠山　「私自身の」って言ってしまうと、気恥ずかしさもありますが、チャーミングな会社になりたいねって、いつも言っています。社員も、店長も人から憧れられるような、チャーミングな存在になってほしいねと。

山崎　チャーミング。「スマイルズさん」って、まさにそんな感じですよね。

（二〇一三年九月二四日）

REVIEW 3 起業することと、経営することの両方をいかに楽しむか

いくつか印象的なキーワードをいただいた。一つは「公私同根」。仕事とプライベートは同じ根から派生しているという考え方だという。まさに我が意を得たりである。駒崎さんとワークライフバランスについて話をした際に、僕はワーク・イズ・ライフだと語ったのは公私同根に近い感覚があったからだ。仕事も含めて全てが僕の生活だし人生だと思っている。そう考えると、ワークライフバランスも同じことなのだろう。ワークもライフも同じ根から生まれてきているのだから、それらをバランスさせて相互にいい影響を与えられるように生きようぜ、ということなのだろうと改めて理解した。

「主体性」も重要なキーワードであろう。「頼まれもしないのにやる仕事」のなかに創造性が宿ることになる。これは私たちのプロジェクトにもいえることだ。いえしまでのまちづくりや穂積製材所プロジェクトのように、業務として依頼されているわけでもないのに出向いて行っていろいろ試してみるプロジェクトこそ、そのなかで様々な試行錯誤が許され、思い切った試みができる場となる。そこで得られる経験は、頼まれたプロジェクトに還元されることになる。そもそもstudio-Lという事務所自体が、頼まれもしないのに始めた「生活スタジオ」というサークルを前身とする。ここでの経験が現在の組織運営やコミュニティデザインという仕事の方向性を決めたといえる。

そして「スマイルズさん」という人格について。スタッフが「社長の遠山さんならどう考えるかな」と想像しながら仕事をするのではなく、「スマイルズさんならどう発想するかな」とイメージしながら判断するようになるのが理想だという。この感覚は私もまったく同じである。

二〇〇五年に独立して事務所を立ち上げた時、会社の名前をどうするか迷った。「山崎亮コミュニティデザイン事務所」という名前も候補に挙がったが、それだと二つの点で自分たちの行動を縛り付けることにな

るだろうと思った。一つはコミュニティデザイン事務所と付けることで、自分たちの仕事の範囲を固定しすぎること。今はコミュニティデザインが必要だと思うから取り組んでいるが、一〇年後には別のことが大切だと思っているかもしれない。だから分野を特定するような社名にするのはやめた。もう一つはスタッフが「山崎亮」という人格に縛られすぎるようになること。社長の山崎ならどう発想するだろうな、と考えすぎて、スタッフが持つ多様なアイデアやキャラクターがプロジェクトに反映されなくなるのはあまりに惜しい。この二つの理由から、「studio-L」という意味のわからない名前にした。「なぜ、スタジオエルなんて読みにくい社名にしたんですか?」と聞かれることがあるが、以上の二つの懸念があったため、何かを生み出しそうなスタジオという言葉の響きと、ジョン・ラスキンが大切にしたライフという言葉の頭文字をとってstudio-Lとした。

だからこそ、遠山さんと同じ課題が私の前にも横たわっている。「スマイルズさん」が「遠山さん」からどれだけの距離を保つことができるか。「studio-Lさん」を「山崎さん」からどれだけ独立させることができるか。目下のところ、私としてはここに注力している。コアメンバーを中心に、スタジオのスタッフがそれぞれ活躍するようになり、少しずつ「studio-Lさん」が山崎から独立した存在になりつつある。コアメンバーが講演したり取材を受けたりして語る言葉は、僕が語るものと少しずつ違う。社内の会議で彼らが語る言葉も少しずつ違う。それによって、山崎の言葉や存在が相対化され、若いスタッフたちが自由に発想できるようになってきているように感じる。

スマイルズという会社から生まれる次の事業が、遠山さん以外のスタッフが発案したものになるかどうか。期待しながら見守りたい。

（山崎亮）

CONVERSATION

4

フリーランスのチームワーク

馬場正尊

建築家 / Open A代表 / 東京R不動産ディレクター

ばば まさたか／1968年佐賀県生まれ。1994年早稲田大学大学院建築学科修了後、㈱博報堂入社。早稲田大学大学院博士課程へ復学、雑誌『A』編集長を務める。2003年建築設計事務所Open Aを設立し、建築設計、都市計画まで幅広く手がけ、ウェブサイト東京R不動産のディレクションを手がける。東北芸術工科大学准教授。近作に「道頓堀角座」「観月橋団地再生計画」「雨読庵」「TABLOID」など。近著に『都市をリノベーション』『「新しい郊外」の家』『RePUBLIC／公共空間のリノベーション』等

フリー・エージェント方式とチームの一体感の両立

山崎　馬場さんとは以前から親しくさせていただいていますが、本当に面白い方です。「Open A」という会社で設計の仕事をしながら、「東京R不動産」というユニークな試みを続けていらっしゃいますね。まずは、東京R不動産は、どんな仕組みの組織なのか。そのあたりからお話いただきましょうか。

馬場　東京R不動産に合流している人たちは、「フリーエージェント」という、ものすごくドライな契約形態で結ばれています。それでいて「社員旅行」があったり、バレーボール大会を開いたりしているんです。

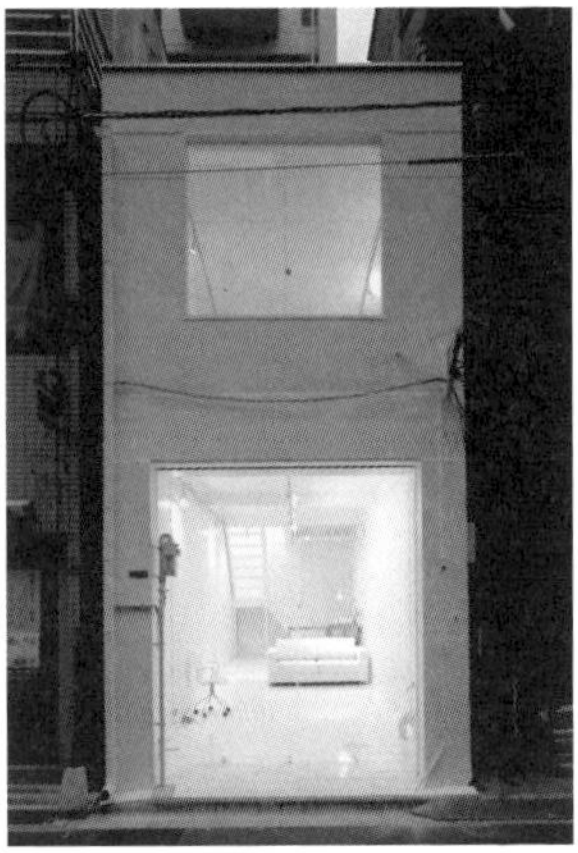

Open A の事務所

山崎　意外ですね。初めて聞きました。広井良典さんの『コミュニティを問いなおす』を読んでからずっとそう思っているんですが、どうも日本の都市における会社のコミュニティは、もともと農村から都市に出てきた人たちがつくってきたもので、結局は農村の集落のセオリーと同じような仕組みを使ってできあがっているようですね。集落のみんなでお祭りをやったり慰安旅行へ行ったりしていたのと同じように、企業でも運動会を組み入れたり社員旅行を実施してコミュニティをマネジメントしている。終身雇用や年功序列の仕組みも、農村型コミュニティの延長線上にあるものなんじゃないかと考えていました。ところが、馬場さんたちのようにフリーエージェントが集まって新しい働き方を模索している集団が、あえてスポーツ大会とか社員旅行を取り入れているという。なんだか逆に斬新な気がしました。

馬場　ドライな組織だからこそ、ムラ社会というか、農村型社会の空気のようなものを採り入れる視点が大切なのかもしれません。みんなが一体になって仕事をしていることをあえて演出しているのかな、と。

もうちょっと、どんなしくみの組織なのか、説明が要るかもしれませんね。僕は、「Open A」という設計事務所の代表もしていて、こちらは会社形態を取っており、一般的な正社員としてスタッフを雇っているんです。スタッフは設計の仕事を各々で行っていますが、給料は僕からもらっています。先ほど紹介した「東京R不動産」は、不動産仲介の事業ですが、もともとは好きでウェブサイトをつくっていただけだったんですね。それが人気が出てきて、今はウェブ運営の他に仲介業も備える組織になったわけですが、営業、プログラマー、デザイナー、編集、マネジメントする人等、だいたい二〇〜三〇人ほどスタッフと言える人たちが集まっています。ほかに福岡R不動産、神戸R不動産、大阪R不動産……と全国九

東京Ｒ不動産ウェブサイト（http://www.realtokyoestate.co.jp/）

カ所でやっています。

山崎　東京R不動産の人たちは、誰も雇われていないんですね。個人事業主とか、自分で会社を持っている人の集まりということで。

馬場　僕自身はほかに、山形にある東北芸術工科大学で准教授をしており、ひょんなことから、研究と教育にも関わることになりました。そういう意味では、いろいろなことをしてしまっているなと思います。

山崎　馬場さんは、大学時代は建築を？

馬場　早稲田大学の建築学科で、石山修武《おさむ》さんという、建築家そのものみたいな人の元で、「建築家とは」みたいな極意を徹底的に学ばせてもらいました。だから、僕は順当に建築設計事務所に入って、建築家人生を送るのかなと思っていたんです。

そうしたら、大学四年生の時に学生結婚することになりまして。いわゆる、できちゃった結婚です。親に勘当され、授業料を自分で稼がなければならなくなり、設備事務所で働き始めて。石山先生には、「お前、性欲に負けるからこういうことになるんだ」みたいなことをメチャクチャ言われながら（笑）。それでも、「お金がたまったら大学院に帰ってきていいよ」と言っていただいて、働いてから、大学院に戻ったりして。

山崎　最初の就職は、建築業ではなかったんですね？

馬場　あの頃はもう、貧乏に疲れ果てていて、ちゃんとした仕事に就きたいと思っていました。だから就職活動では大企業ばかり受け、結局、博報堂という広告の会社に入りました。給料がよさそうだという理由と、もう一つには建築をちょっと離れて、仕組みをつくる側というのはどんなものなのか知ってみたいという一面もありました。ちょっと違った領域に飛び込んでみよう、どうせなんだかよくわからなくなった人生だし、と思って。

「先が見えちゃった不安」からの脱却

山崎　博報堂に入ったのは何歳の時ですか？

馬場　二五歳です。僕が今四五歳ですから、二〇年前です。博覧会とか、モーターショーとか、おもに空間系の仕事をしてきました。でも、三〇歳を目前にした時、ふと自分の仕事を振り返って、勉強し直してみたいな、しっかり考えたいなと思うようになりました。そこでいったん休職して、石山先生のもとで博士課程に戻りました。その間は無給です。通常なら論文を書くんでしょうが、僕はそこで雑誌の編集を始めてしまったんです。

山崎　建築界で伝説の雑誌ですね。

馬場　Architecture の頭文字を取った『A』という雑誌です。本当は、建築とメディアをテーマにした論文を書きたいと思っていたんですけれど、その分野に精通していて、論文を読んでくれるような先生もいない。それなら自分で

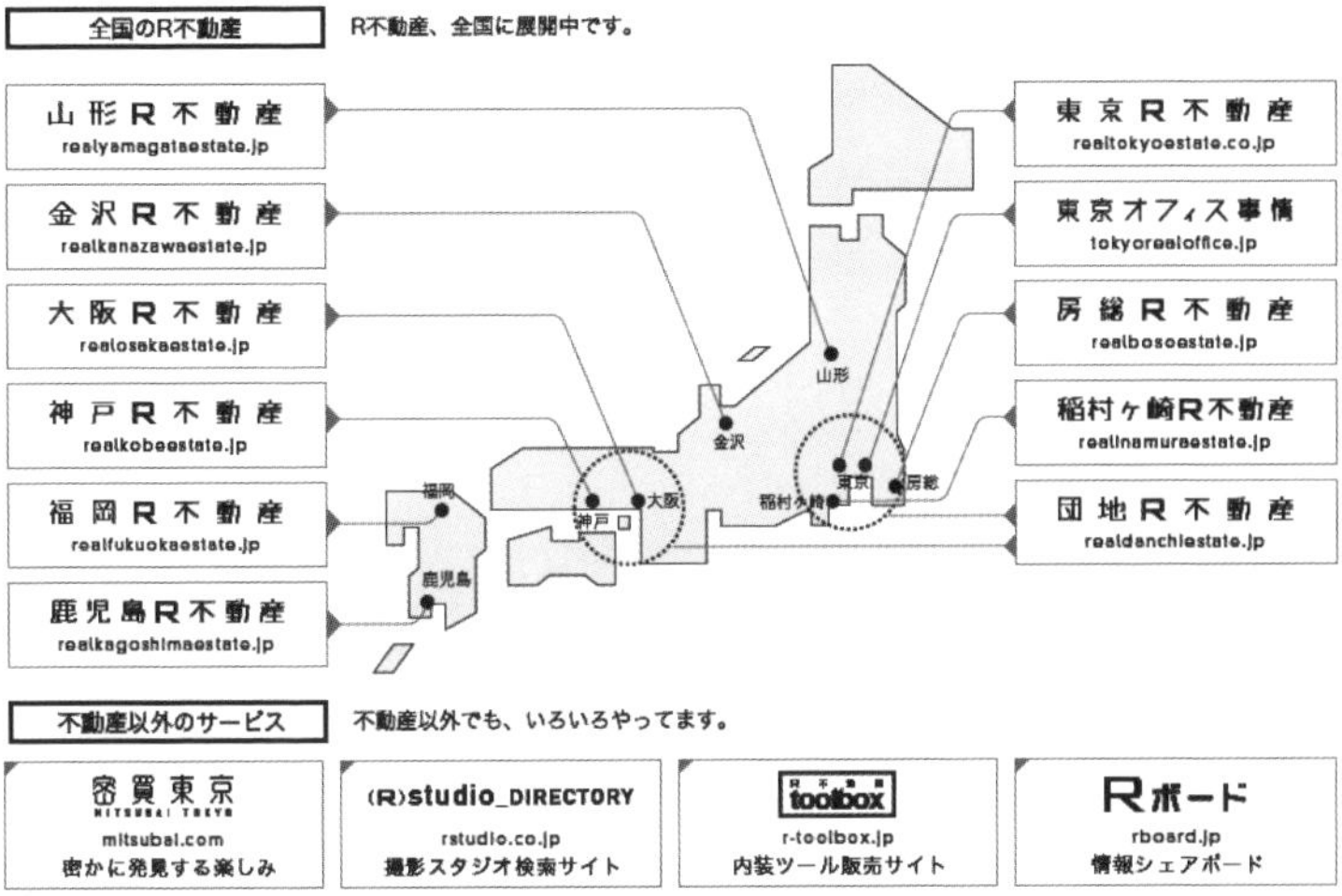

全国のR不動産

メディアをつくってしまえ、という感覚で雑誌をつくり始めました。

二年間の休職期間が終わった後は、広告会社に戻りました。経済的にはまた安定してきて少しホッとして。ところがある日、魔が差したように会社を辞めてしまったんです。

あれは六月の昼下がりだったかな、「俺は今、ちょっと安定してるけど、一〇年後もずっとここにいるのかな」という、もやもやとした気持ちがふと湧きあがってきたんです。パッと見ると、部長席にいる上司の姿が目に映って、「何年後かには俺、あそこにいるのかなあ」と。その時、なんだか言いようのない不安に襲われて。フリーターに近い状態の時は、先が見えない不安があったのは確かです。でも、同じ不安なら、自由な身分の方がいいかな、と思ってしまったんです。

山崎　先が見えない不安と、先が見えちゃった不安（笑）。

馬場　どっちも不安なんですよ。どちらかというと、先が見えちゃった不安の方が、より一層不安なような気がして。

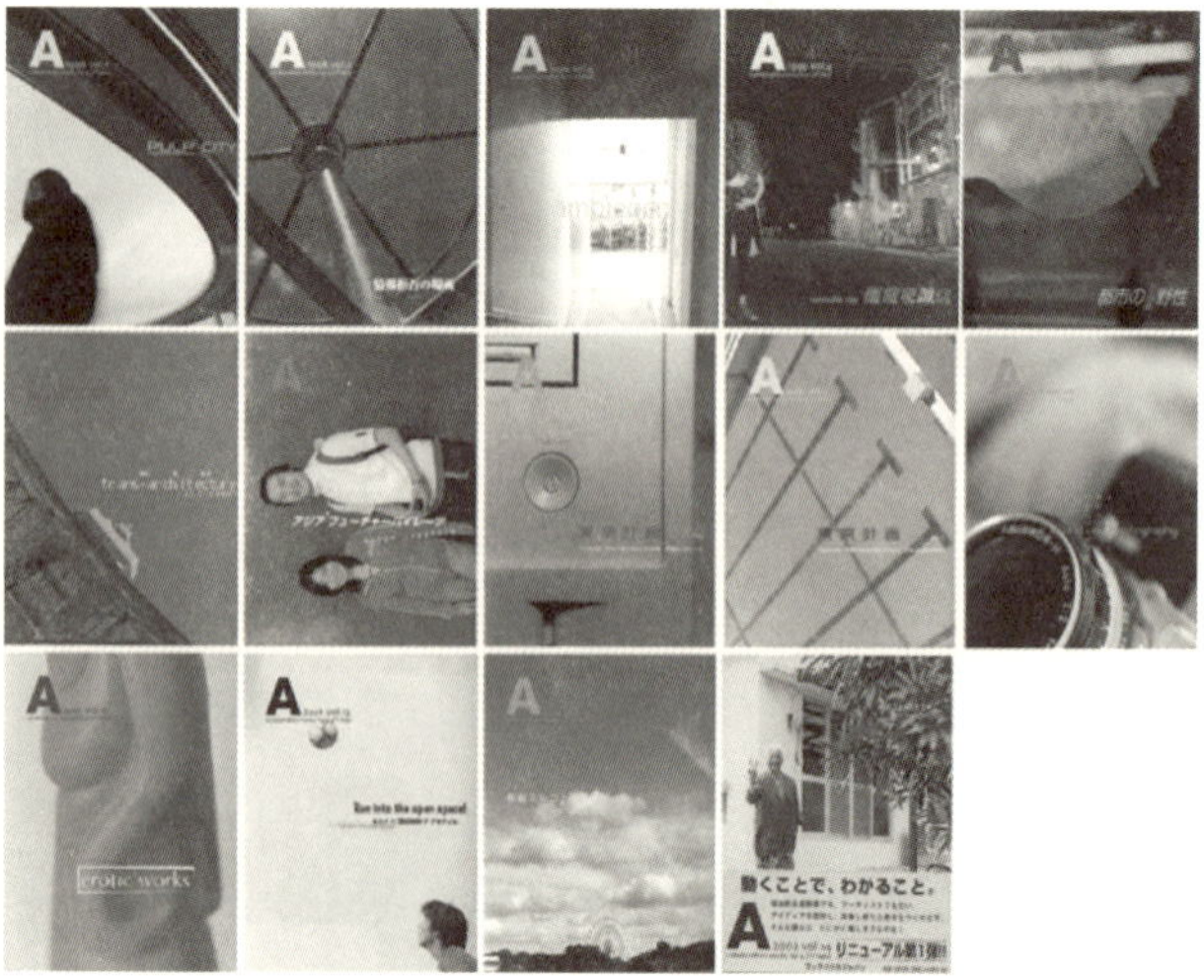

1998年から2002年まで発行された建築雑誌『A』

辞める理由を言ったら、すごく怒られましたけど（笑）。

山崎　怒られるでしょうね。「あなたのようになる未来が見えちゃって不安なので辞めます」っていうわけだから（笑）。「先が見える不安」から広告会社を辞めたのは何歳ですか？

馬場　三二歳ぐらいですね。

山崎　辞めてからしばらくは、いろいろ勉強したり、研究したり？

馬場　取材に行って、いろいろなものを見たり、設計の仕事でちびちび稼ぐ時期が二〜三年ありました。その頃、古い建物の再生みたいなことが面白いと感じていて、調査も兼ねて、アメリカに取材に行きました。その後に「R－Project」という、都市再生の任意プロジェクトにかかわることになったんです。

山崎　何かきっかけがあったんですか？

馬場　リノベーションができる空き物件を探そうと不動産屋さんに行ったら、話が噛み合わないんですよ。改装OKの物件はありますかと尋ねても、ゼロ。「現状復帰義務がある。何言ってんだ！」みたいに言われて、どこに行っても迷惑者扱いされて。でも、自分で探してみると、魅力的な空間は実際にあるんですよ。

山崎　街を歩いていると、ありますよね。

馬場　あそこはなんだ？　あんなボロ屋でいいの？　みたいなものが。視点を変えると、いい風に変わるなあというものもあって。そうした物件についてブログに書いたのが二〇〇三年、R不動産の始まりです。

趣味で始めた個人ブログが事業に

馬場　「リノベーション」という単語がまだ世の中にそんなに定着していなかった頃に、個人で古い建物の再生を始めました。オフィスを住宅にコンバートしたり、ボロボロの物件をイタリア料理屋にしたり。

一方のR不動産は、空き物件のことをブログに書いていただけで、最初は趣味だったんです。もちろん、不動産仲介の機能もありませんでした。そしたら、「面白いね。これ、借りられないの?」という問い合わせのメールがたくさん来るようになったんですね。

でも、僕は不動産業はわからないし、どうしようもないなと思っていた時に、リクルート創業者の江副浩正《えぞえひろまさ》氏の「スペースデザイン」という会社にいた吉里裕也と出会ったんです。ちょうど会社を辞めようとしていた時だったので、R不動産も実際に仲介ができる事業にしていこうよみたいな話が立ち上がって。それができれば僕もいいなと思っていたんだけれど、じゃあ、いったいどうするの?って聞いたら、ディベロップメントに携わって不動産業界を知っている俺がやるっていうことになったんです。

今、ディレクターは三人いて、僕はどちらかというと編集担当。不動産的なノウハウを持っているのが吉里。あと一人、ビジネススキームを整えるのが林厚見。彼は、東大の建築学科を卒業した後にマッキンゼーで経営コンサルタントをしていて、コロンビア大学でMBAも取得したという経歴を持っていて。全員が建築の出身で、デザインが好き。通底するものが一緒だから、ビジネスもブレないんだと思います。

山崎　よく揃いましたね。

馬場　ほかに、アート系のライターで編集チームに入ってもらった安田洋平君と、雑誌『A』のアルバイトとして来ていた三箇山泰君が加わって。とりあえず、ボロ物件を探さなければいけないので、不動産屋さんに「ボロ物件を教えてください」って飛び込んで行く、鉄砲玉のような役割が必要だったんです。彼らには、

「騙されたと思って手伝え！」と言って引き込んで（笑）。

最初はシステム開発費といって、一人一〇万円ずつ出し合って、計五〇万円で始まったのが、「東京R不動産」でした。それが、何冊も本が出て、こんなに注目を集める事業になるとは夢にも思わなかったですね。

本という「企画書」で世の中にビジョンを投げかける

山崎　不動産屋さんが思っている「いい物件」のスペックは、家賃とか築何年とか、駅が近いとか、小学校区がどこだとか、近くに大手のスーパーがありますというもの。建築家からすれば、そういうのは探してないよということになる。ところが、そういう感覚を不動産屋さんはなかなか理解してくれないし、紹介もしてくれない。それならということで、馬場さんはそんな物件を勝手に見つけ出してきて、それをブログに面白おかしく書いていったわけですね。つまり最初は趣味として始めたわけだ。
誰からも頼まれていないし、もちろんお金も発生しないんだけれども、「こんなの見つけた」「これ、面白い」ってブログで発信していたらサイトの人気が出てきて、友人たちから「それをちゃんと事業化した方がいいね」という提案があったりして、仲間がそれぞれ一〇万円ずつ出し合って、集まった五〇万円で仕組みをつくって東京R不動産という事業をやり始めた。そうしたら、そのあと反響がすごいですもんね。
馬場　大きい事業になっているというよりも、ファンができて。
山崎　ページビューは、今、月間どのくらいですか？
馬場　三〇〇万ぐらいはいきますね。地方版R不動産も、大阪、山形、稲村ケ崎、いろいろあって、それらを合わせると、たぶん四〇〇万を超えます。

山崎　かなりのサイトですね。馬場さんは大学院に戻った時に、雑誌『A』をつくられていましたから、本をつくるとか編集するといったスキルはもともと持っていらした。それをいわゆるブログとかインターネット上で展開したのが東京R不動産ですね。それに、著書もよく出されていますよね。

馬場　一年に一冊を基本にしています。最近では『RePUBLIC／公共空間のリノベーション』が出ました。

山崎　いわゆる都市の公共空間って、行政が管理している公園とか公開空地が普通だと思っているんですが、公共空間は行政が管理する空間だという考え方も含めてリノベーションするにはどうしたらいいかというアイデアが満載の本ですね。前の年にも別の本を出していましたね。

馬場　共著ですが、『だから、僕らはこの働き方を選んだ』という本で、まさに今日のテーマに近い内容で、「東京R不動産のフリーエージェント・スタイル」とサブタイトルがついています。東京R不動産がどうやって始まり、どういう人たちが関わって、何を大切にしているかということを書きました。自分たちの働き方を見つめ直して頭を整理するには、ちょうどいい機会だなと思って。もう一冊、団地リノベーションもいろいろやっているので、『団地に住もう！　東京R不動産』（日経BP社、二〇一二）も出版しました。

本を書くことには二つ意味があって、一つは、自分のやってきたことを確認する。『都市をリノベーション』も、働き方の本もそういう目的です。もう一つは、本という形の「企画書」。『RePUBLIC』は、まさに社会に僕らの提案を問いかけていく本なんです。言語化することで確認ができるから、それを繰り返している感覚です。でも一番大きいのは本にしろ、ウェブサイトにしろ、世の中に対する提案なんです。

山崎　企画書なんですね。それを読んだ人から、一緒にプロジェクトをやりたいという声がかかるきっかけ

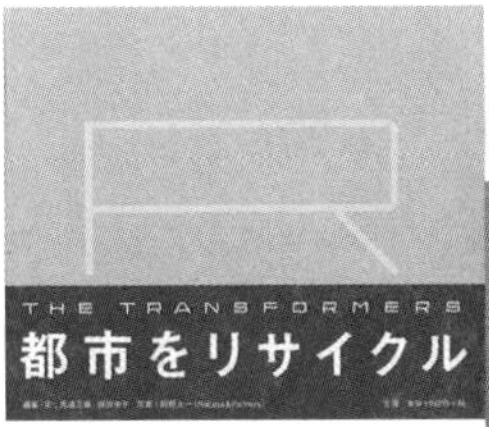

1

2

3

4

5

6

7

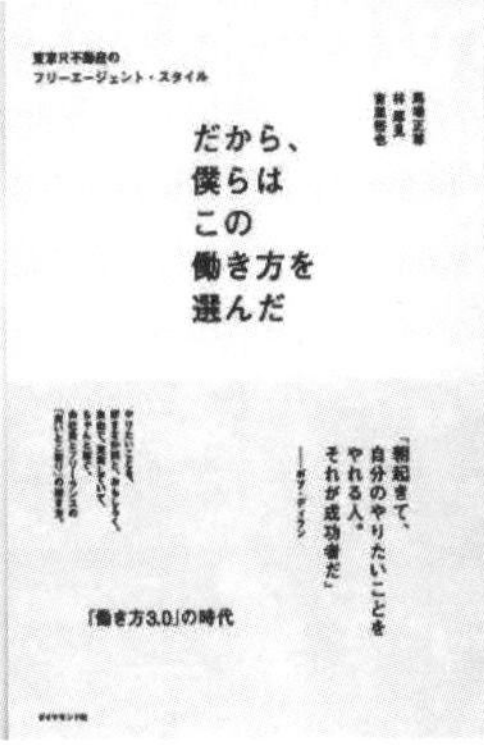

8

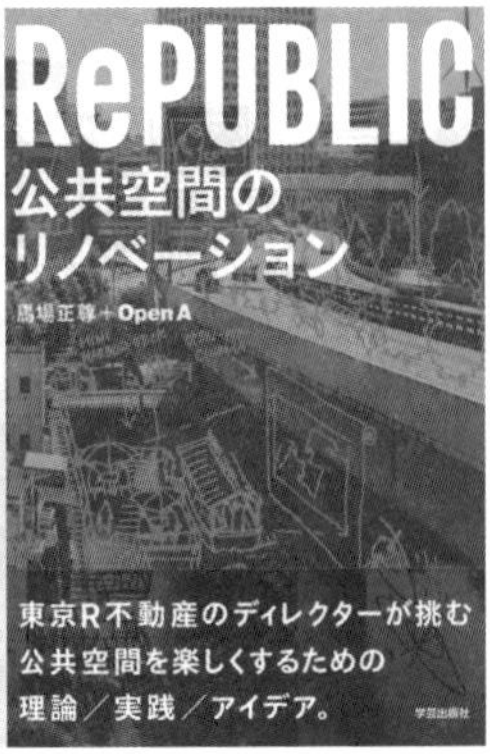

9

馬場氏がこれまでに出版した本。1『R the transformers』R-book製作委員会、2002／2『東京R計画　Re-mapping Tokyo』晶文社、2004／3『POST-OFFICE』TOTO出版、2006／4『東京R不動産』アスペクト、2006／5『「新しい郊外の」の家』太田出版、2009／6『東京R不動産2』太田出版、2010／7『都市をリノベーション』NTT出版、2011／8『だから、僕らはこの働き方を選んだ』ダイヤモンド社、2012／9『RePUBLIC 公共空間のリノベーション』学芸出版社、2013

としての本ということですね。

馬場　そうですね。平たく言うと営業ツール。

山崎　営業ツールを年に一回、出版する。人の金で営業ツールをつくっていくということですね（笑）。もちろん、それがちゃんと売れるので次々に声がかかるんだから、お互いにいい関係ですよね。先ほどご紹介いただいた、『だから、僕らはこの働き方を選んだ』という本の内容がすごく面白かったんですよ。フリーエージェントのスタイルでそれぞれが独立しているんだけれども、東京R不動産という事業を軸にみんなが集ってきて、東京R不動産というレーベルみたいなものをみんなで高めながら仕事をしている。ただ、それぞれが事業主の集まりなので、個人として参画している人もいるし、社員を何人か抱えている人もいる。そのスタイルで二〇〇三年からやってきたということですね。

馬場　はい。一〇年間、続けてきましたね。

山崎　僕らstudio-Lという会社も二〇〇五年から、そのスタイルに近い働き方をしてきました。馬場さんがそんな働き方をしていたなんて知らずにいて、たまたま知りあって深い話をしていたら「同じじゃないか」とちょっと驚いて。そのあと急速に仲良くさせてもらうようになったんですよね。

ライバル同士でもギスギスしない関係性

Q（会場）――フリーエージェントの集まりである東京R不動産はどんな仕組みで収入が入るのですか

馬場　東京R不動産は基本的には林、吉里が代表をしているスピークという運営会社が不動産仲介の仕事を請け負って、その会社と営業マンが個人契約をするスタイルを採っています。保険の外交員と似ていますね。

山崎　東京R不動産という会社が存在するわけではなくて、各運営会社が仕事を分担している。営業部門がスピークなんですね。

馬場　契約している営業マンは自分で物件を見つけてきて、自分でウェブサイトにアップして、そこに来るメールに自分で対応しています。成約したら、仲介手数料の何割が会社へ、何割が個人へと決まっているので、いい物件を集めてどんどん契約を結んでいくと給料はすごく高くなるし、まったく成約できなかったら一円も給料はない、ということになってしまいます。そういう意味では、営業マン全員がライバル、戦いなわけです。狙っている同じ物件を取り合うことになるかもしれないので、カニバリズムになる可能性だってある。他人に何かいい知恵を与えたりすると、自分で自分の首を絞めることになるわけじゃないですか。

山崎　確かにそうだ。

馬場　東京に散らばっている、いろいろな宝石を探す発掘隊のライバル同士なので、事務所のなかはギスギスしてもおかしくないはず。実際には、そういう会社もたくさんあるんじゃないかと思うんですが、なんでうちはそうならないのか。そうなる前の、平和な空気が流れているんですよ。

山崎　その工夫は何かありますか。

馬場　うーん。そうだな、たとえば、採用の時に、入ってくる人をしっかり選んでいるということかな。

山崎　「古くてレトロな味わいがある物件なら俺でも見つけれるかもしれない」という気軽な気持ちでR不動産に入れてくださいと応募してくる人が多いのでは？

馬場　多いですけれど、そういう甘っちょろい人には、最初に「こういうシステムだからね。成約しなかったら収入はなしだよ」というようなことを説明すると、ほとんどが「そうか……」といって辞めていく。

山崎　食べていけそうにない人にとっては切実な感じがあるわけですよね。物件をちゃんと見つけて、ブログに魅力的な文章を書いて、写真も載せて、そこがどういう魅力的な物件に変えられるのかという提案をお客さんにちゃんと説明して成約してもらわないと、お金が入ってこないわけですからね。

馬場　採用の面接は、マネジメントばかりじゃなくて、運営会社のメンバーたち、つまり採用されたら一緒に物件を探すことになる営業仲間にも声をかけたりするんですよ。

山崎　なるほど。同じ立場の営業仲間も面接に加わるんですね。

採用の責任を分け合う新・後見人制度

馬場　メンバーが面接する時の基準は、おそらく「こいつと一緒に仕事をしたい」かどうか。その視点で、「いいんじゃない?」と、みんなで何となくオーソライズした上で、採用された人が働き始める。だから、もしその人が入ってきたことで、社内の空気がちょっと悪くなったら、「ほら、お前が一押しだって言ってただろう?」みたいなことになって、多少の責任も発生してくる。そんなわけで、暗黙のうちに、面接した人が新人の面倒を見る係みたいになっていく。

山崎　後見人システムみたいな。それ、いいかもしれない。

馬場　はっきりと意識させられる場合もありますよ。「馬場、お前が入れたんだから、何とかしろ」と。

山崎　馬場さんが後見人に……。

馬場　そういう採用方針を続けていることもあり、みんながなんとなくチーム内の調和を保っていくんだと思うんです。採用という、仲間に引き入れるだけの責任を負った人は、その調和の空気のなかにいても大丈夫そうな人を選ぶものなんですね。メンバーの人数も多くないし、一つの空気感で内包されるぎりぎりの人数でやっている会社ならでは、だと思います。

山崎　営業の人は何人ぐらいですか？

馬場　今、十数人ぐらいです。

山崎　やはり似てるなぁ。studio-L もフリーエージェントの集まりなんです。ただ、うちの採用に関しては「選ぶ」という視点が弱い気がします。「来るもの拒まず」的なところがありますから。もちろん、馬場さんたちと同じように「うちはフリーエージェント方式だから成果があった分しか報酬はないよ」とはじめに言いますね。そうすると、一〇〇人の応募があっても、八〇人は辞めていきます。

馬場　そりゃそうです。食べていくのが無理だから。

山崎　二〇人ぐらいが残る。それでもやりたいと思うからか、言葉の意味がわかっていないからか（笑）。

馬場　どっちかが入ってきちゃうわけですね。入ってきちゃったものについては、まあ、熱意があれば、試してみなと。でも、もちろん成約という形で仕事ができなかったら、お金はもらえないことは言ってあるんだけれども、なかなか仕事ができるようにならない場合はあって……。

山崎　だから、後見人システムはいい仕組みですね。馬場さんたちは、マネジメント側に林さん、吉里さんと三人いらっしゃいますね。僕らにも、創設メンバーと呼んでいるマネジメント側が四人いて、だいたいその四人が面接しているんですけど、確かに実務メンバーが面接に同席するのもいいですね。

馬場　そうですね。それはご質問にあった「工夫」の一つになりますね。

山崎　そうすると、会社のなかに内在する自浄作用のようなものが生まれてきて、どうにかして仲間同士でフォローし合おうという雰囲気になる。それも一つのアイデアかもしれないな。

馬場　責任が発生するみたいな。

山崎　それはいいアイデアですね。いわゆるマネジメントサイドとスタッフたちがつながるという縦の関係だけではなくて、スタッフ同士が何となくフォローし合う横のつながりを重ねあわせた仕組みをつくっているのが、R不動産における仲間意識を高めていくための方法なんですね。

「社員旅行」という名のモチベーション装置

山崎　社員旅行をしているそうですね。正確には「社員」じゃないけど。みんなでバレーボールをしたりも。

馬場　社員旅行は、みんなのわかりやすい毎年の目標の一つなんですよ。僕らの場合、売り上げ目標といっても、プロ野球チームのような感じで、一人ひとりの「打率」は事業主ごとに格差が大きいんですね。打率が高ければ高いほど、練習というか、高める努力はたくさんしているんでしょうけれど。だからもう、プロ野球選手並みの年収差があるわけですよ。二軍から上がってきたやつはちょっとしか収入がないけれど、トッププレーヤーには一千万円プレーヤーがいる。

年収ではまだらになるけど、プロ野球としてはチーム全員で勝つこと、優勝することが重要じゃないですか。だから毎年、「いくらぐらいが目標です」と、各個人の売り上げの目標額をだいたい決めておく。その総額に達すると、みんなでハワイに行こうみたいな感じに持っていく。これが「社員旅行」です。
その辺のノウハウは吉里がつくっていて。マネジメント側の三人のうち二人は、もともとリクルートの流れを引いているので、モチベーション・コントロールに対してのセンシティビティはすごい。僕も横で見ていて勉強になります。リクルートという会社があんなにでかく伸びていったのは、ここに秘密があるんだなと、横目で見ながら感じています。案外、シンプルなんですよ。それも、みんなが共通の目標として掲げてね。そういうものを目の前に置いてやっていますね。

山崎　それも面白い設定の仕方ですね。

馬場　目標達成後のゴールが「ハワイ旅行」みたいに短絡的なんだけれども。

山崎　一九八〇年代からずっと続いているようなゴール(笑)。だけれども、それでいいと。

馬場　その辺、旧態依然とした日本の企業みたいな手法を

R不動産バレーボール部

採っていたりする。達成しなかったらハワイに行けない時もあって、すると、「お前、頑張れよ」「いやいや、お前が頑張れ」みたいな会話が交わされます。

山崎　いわゆる社員旅行とはちょっと違うわけですね。黙っていたって会社が毎年行かせてくれるのとは違う。努力しないと行けない。

社員教育の難しさ

馬場　一番難しいのは社員教育なんですよ。

山崎　それはうちも一緒だ。

馬場　なぜかというと、隣の若いやつが優秀になればなるほど、自分のパイが食われるわけですね、構造的に。しかも、それぞれが独立した組織だから、隣のやつに教えてあげたからといってフィーが発生する仕組みはないんです。その人は教えてあげる必然性もない。そこに、教えてあげる動機があるとすれば、それは個人的な「愛」だけということになるんですよ。

山崎　まさにそうなんです。個人事業主の集まりなんですから。

馬場　それが非常に難しくて。フリーエージェントシステムのなかで教育システムをどうするかは、大きな悩みなんです。「なんで俺が教えてあげなきゃいけないの？」的な空気が漂うんですよ。

山崎　うちでも、わりと大きな企業から転職してきた人たちのなかには「教えてもらって当然でしょ」と思っている人がいて。「マネジメントの人たちがなんで社員教育しないの？」と。本来は、フリーエージェントの集まりなんですけどね……。教える側は、自分の業務の時間を割いて教えて、それこそ、その人が成長していったら自分の仕事が減るかもしれない状況のなかで、「愛」を持って育てようとするわけですよね。

馬場　それが難しい。本当に。まだ、答えは出せていません。そういう意味もあって、僕らは原則として、新卒禁止にしているんです。

山崎　それも一緒ですね。

馬場　業務に必要な人数を割いてまで教育に時間を割くわけにはいかないし。新卒の人の仕事人生の責任は取れないということで。それなのにこの間、初めて新卒の人を採ったんです。

山崎　まったく一緒だ。うちも去年、新卒を初めて採用しました。

馬場　採ったスタッフは、俺の愛で育てるしかないなと。あと、経験の高い先輩には「お前を見込んで採ったから、何とかこいつに実務を教えてやってくれ」と、ハートだけで推していて。古いです、体質が。

山崎　本来ならば、教える義理はないんですよね。

馬場　利益にもならない教育をしているのを横で見ながら、涙が出そうな感じでしたね。フリーエージェントというドライな契約形態を採っていながらも、人情もろいところが混ざっている。しかも、物件契約でトラブルが発生したりすると、謝りに行かなければならないのはマネジメントの人たちだったりして。

山崎　不動産業だから、そういうケースがあるかもしれないですね。そういう時に、やっぱり、若い現場の担当者だけではなかなか収まりませんね。

馬場　フォローに行くのは大人の役割。そこのマネジメントは仕方がないと思っている部分です。僕自身のOpen A という会社で言えば、マネジメント側は見て見ぬふりですかね。各々に仕事を振り分け、個人がそれに責任を持って仕事をするスタイルなので、マネジメントが介入しすぎると彼らの仕事が面白くなくなってしまう。でも、何となく調和を保てるようにはなっている。たとえば、ある担当者がトラブルを抱えて、傍から見ていて、「あれ、あの辺の雰囲気はまずくないか?」みたいなことは時々ありますが、今のところは自浄作用で平衡状態を保てているレベルで納まっている感じです。

山崎　事務所の掃除のような雑務は?

馬場　R不動産では、掃除をしたり、電話をとったりという基本的な業務をしてくれる社員を給料制で雇っている。愛想のいいかわいい女の子で、いるだけでホッとするみたいな。その子もめちゃくちゃ重要です。「はぁ……」とため息まじりでいる時に、「どうしたんですか?」って言ってお茶を出してくれる。その瞬間その瞬間だけでも、かなり救われるじゃないですか。荒野に咲く花みたいで。そういう架け橋みたいな人がいないと、たぶん、事業体のなかのコミュニケーションがもっとぎくしゃくしてしまうと思いますね。

山崎　フリーエージェントの集まりで、インターネットも駆使しながら、ものすごく新しい仕組みで働いている一方で、いわゆるお茶を出してくれる人とか、「社員旅行」とか、わりと昔ながらの仕組みも混ぜている感じがしますね。試行錯誤の結果、そうなっているということですよね。

馬場　最初からそうなっているわけではなく、修正の上に修正を重ねているうちに…。でもこの先、このままでいけるかというと、ある規模以上になると難しいところも出てくるかもしれない。どこまでの規模でいくかが事業体を維持していけるかどうかの分かれ目になるでしょうね。

山崎　まさに。僕も事務所の規模はできるだけ小さくしておきたいと思っています。

地方のソリューションの鍵は地方のなかに

山崎　東京R不動産だけじゃなくて、各地にR不動産をアメーバの分裂みたいにしてつくっている。東京だけ規模をでっかくして全国に指示するというスタイルではないのは組織の規模を考えているからなのですか。

馬場　地方の不動産のことは地方にしかわからないですよね。空間というのはやっぱり、土地に根ざしたものなので。東京の常識は神戸ではまったく通じないんです。

山崎　山のなかと東京が違うのは何となくわかるんですけど、同じ都市部の東京と神戸も違いますか？

馬場　違いますね。それでも、東京と福岡は、構造的に似ています。よそ者が集まっているという意味で。福岡には九州中のよそ者が集まっているので。

山崎　じゃあ札幌もきっと、似ているな。

馬場　おそらく。神戸は土着だから違う。大阪もまた違う。何が収益のコアなのかも、地域ごとに違う。そういう意味では、各地のR不動産のことをフランチャイズのように話したけれども、統一したソリューションがあるわけではなくて。システムと名前を貸しているぐらいですよ。この間、全国のR不動産で集まって、「R不動産サミット」というのを金沢でやったんです。それぞれのR不動産がどんな知恵で運営しているかを披露しあったのだけれど、もうみんなバラバラで。感動的なぐらいバラバラでしたね。それは日本の縮図だなと。各都市が抱える問題は個別で、共通解はあまりないなと思いました。

山崎　それは面白い。うちも事務所が各地に点在していて、最近山形にも事務所ができたんですが、それぞれの事務所に仕事の進め方を任せちゃうという手があるかもしれませんね。

個人の人間力で切り開く泥臭さも必要

Q――物件はどのように探しますか。規模が大きくなるなか変化した方法や工夫はありますか

馬場　立ち上げの頃、三箇山君という鉄砲玉役の彼がいきなり不動産屋さんに営業に行って、「ボロ物件を教えてください」って飛び込んで行ったと話しましたが、そこでまず玉砕した（笑）。だから最初に「お前、まず服装を直せ」といって、彼の服装をスーツにしてみました。

山崎　信頼されるということで。

馬場　さらに髪の毛を黒くして、それから坊主にしてみました。それぐらい相手にされなかったんですよ。今考えれば、ズブの素人が、先方にしてみればトンチンカンな目的で飛び込んでいくわけですから、無茶な話ですね。そうこうしているうちに、地元の不動産屋さんとまず仲良くなって。そのうちに、その不動産屋さんから「お前、これ、ものになるかはよくわからないけれど、ボロだから、お前のところでも出しとけ」みたいな感じで情報をもらえるようになっていって。もう、ゲリラ戦ですね。

山崎　不動産屋というのは、そうやって物件を分けてくれるんですか？

馬場　そうなんです。そこが不動産業界の面白いところで。まず物件を管理している不動産屋がいて、業界用語で「元付け」と言います。その物件をお客さんに「この物件はどう?」って紹介する人を、「客付け」と言います。元付けから客付けに、仲介手数料を家賃の一カ月分ずつの額で分けるという。

山崎　とてもシンプルですね。

馬場　元付けの人は、お客さんを連れてきてもらえば、半分黙っていてもお金が入るから、客付けの人に頑張ってもらうとうれしいわけです。逆に客付けの不動産屋さんは、いい元付けの人からたくさん紹介してもらうとうれしいわけですね。人間性の構築みたいなことが大切だということがわかります。そうこうしているうちに、うちの営業マン自身も東京R不動産単体での物件を探す術を覚えていったわけです。

山崎　R不動産が元付けになるということですか。

馬場　そういう場合もあります。R不動産の噂を聞いて、オーナーさん側から「ちょっとうちのこの物件、大丈夫でしょうか」みたいな依頼も舞い込む。売り上げの大きい人は、パイプをたくさんつくって、多種多様なルートを拡げていく。それは個人の人間力で開拓している。東京のどこに、どういう面白い物件があって、それをいかにR不動産に載せていくか。いろんなルートを持っていることが重要になってきます。

山崎　加えて、R不動産にかかわるスタッフは空間を見る目もいりますね。今はボロでも、見方を変えればこれは価値になるだろうという発想力が必要でしょうから。でも、そうした能力と同等かそれ以上に、「元付けの方に気に入られる」とか「家主さんに信頼される」とか、コミュニケーションの能力ものすごく大事ですね。

馬場　そこがだめだと、いくらやってもだめですね。普通の営業と同じですよ。そこは。普遍的なものだと思いますね。建築学科の空間大好き人間や、今までずっと図面だけに向かっていましたという人が「R不動産やりたいっす」って来てもね……。そういう人、めっちゃたくさん来ますけど、まずモノにならないです。

山崎　コミュニケーションのスキルの方が、すごく大事になってくるんですね。

「よそ者」の提案をどう採り入れていくか？

馬場　東京R不動産の営業は大変だと思いますよ。お客さんとの会話や応対がしっかりできるだけのコミュニケーションの基礎ができていないと。なおかつ、ブログに書く文章までうまくなければいけない。

山崎　おまけにブログに必須な写真までうまくなければいけない。

馬場　実は売り上げナンバーワン、ナンバーツーとも同じ業界から来た人なんです。どこだと思います？

山崎　うーん、旅行業界とか。

馬場　違いますね。なんと、アパレルです。

山崎　えっ、アパレルなんですか？

馬場　コミュニケーション力が高いんです。それに、洋服を見るような目で物件を見られるんです、たぶん。

山崎　なるほど。旅行業界って答えましたが、コミュニティデザインの場合は旅行業界の人が向いているんじゃないかと思っています。土地の価値を見つけ出す力があり、人とコミュニケーションする能力が高い。東京R不動産の場合は、アパレル業界の人のように美しいものを見る目があり、それをお客さんに自分の言葉で勧める能力を持つ人が向いているんですね。空間を扱う業界とアパレルとは似ているんだ。

馬場　その次に向いているのが建築業界からきた人かな。ただ、建築の人たちは、めちゃくちゃセンスがいい物件は出すんだけど、売り上げはアパレルの人たちほど伸びていかない。

山崎　何となくわかる気がしますね。

Q——企業コミュニティと地域コミュニティの現代的な課題はどう解決すればよいでしょうか

馬場　僕はもう十何年も大企業から離れているので、大企業の現状をビビッドに感じているわけではありません。ただ、大企業のクライアントからの仕事をすることはすごく多いですね。たとえばＵＲ（都市機構）とか、行政とか、ディベロッパーとか。そういう付き合いのなかで感じることはあります。企業は、少なくとも今までは、何かをつくる時に「どうやってつくるか」という方法論を重視していたと思うんです。でも今は新しいことを始めようとすると「何をつくるべきか」みたいなところから始まっている感じなんですよ。

山崎　つくらなきゃいけないものが何なのか、が見えないと……。

馬場　そう。日本人というのは、どうやってつくるかという方法論には長けていて、ルーティンワークに向いた会社や組織は構築できているんだけど、何をつくるかということを見出すのは得意ではない。大企業の人と仕事していると、すでにある形に構造的に持っていこうとする力学が働くんだなということを感じます。企業の人たちが使う言葉に耳を傾けていると、どこかで聞いた言葉ばかりが飛び込んでくる。

それに対して、僕らが持っていくのはムラ社会的な価値観から外れるような発想や提案。そういうものを大企業なりのソリューションとしてどう採り入れていくか。そうした工夫みたいなものがもうちょっとあるといいのかもしれないな、と思います。外からやってきたストレンジャーをどうプロジェクトに導くか。そこから出たアイデアをどう企業に組み込むか。日本人はその辺が下手なんじゃないかと思いますね。

山崎　そうですね、馬場さんが企業から呼ばれる意義も本来ならばそこにある。

馬場　でも実際は、ストレンジャーの意見を聞こうということで企業から声をかけていただいて出向くのだけど、ややもすると「いい話が聞けました。参考にします」みたいにして終わってしまいそうな雰囲気が漂っていることがあって。本気で自分の会社に取り込もうという意欲が感じられないと、こちらもちょっとね。

一課に一人「ストレンジャー」を採用してみる

馬場　僕らが意味のあるストレンジャーだとしたら、大企業とただの受発注関係で終わるのではなく、チームワークのあるプロジェクトのメンバー同士として同じ船に乗るような契約形態をとった方がよりよいのでは、と思います。そのうえで、成功したら互いに収益をシェアしようとかね。受発注という既存の関係ではなく、もう一段階上の、ともに仕事を取りにいって収益をシェアするスキームがあるといいですよね。

山崎　運命共同体的な。

馬場　そうですね。運命共同体みたいなスキームがあると面白いかな、と。

山崎　地縁コミュニティも似ていますね。集落や商店街を活性化しようという話が持ち上がった時、よく、「若者」と「よそ者」と「馬鹿者」が必要と言われます。今のお話はまさに、よそ者的な、あるいは馬鹿者的な関わり方が企業のなかの価値を揺さぶったりするということですね。

集落の場合も、外の意見を採り入れて試行錯誤するなかで、彼らが本気で運命共同体として外の人を受け入れて一緒にやろうとするのか、それとも、外の人間だからと切り離し旧態依然とした価値感で判断するのか。後者の場合、いくらよそ者が入っても、結局、何かが変わるムーブメントは起こせない。そして高齢化が進んで、その状態に辟易した若者たちがどんどん都会に流出していく、という悪循環に陥りがちです。

馬場　同じですね。

山崎　中山間離島地域でも、よそ者の力をうまく活用して、コミュニティが元気になっていっているモデルがいろいろあります。四国の山里に光ファイバー網を整備して、全国からIT系の優良企業を吸い寄せて面白いコミュニティをつくっている、徳島県神山町の事例もあります。企業の経営のなかに外部の力を取り込もうとした時に、こういうモデルを参考にするというのは一つかもしれないですね。

馬場　そうかもしれませんね。

山崎　京都の綾部市に塩見直紀さんという友達がいて、彼は「半農半X」という生き方を提唱しているんです（『半農半Xという生き方』ソニー・マガジンズ、二〇〇三）。綾部には空き家が多い集落があったのですが、集落の規律を乱したら困るからと、よそ者を入れない雰囲気が強く残っていたそうです。しかし、そのままだとどんどん高齢化するし若者は出て行く。だから塩見さんは「一集落一移住者」を掛け声にして、たくさんの集落の方々と話をしたそうなんです。つまり、一つの集落で最低一人は新しい人を受け入れましょう、ということですね。それも、みんなで話し合って自分たちの集落にどんな人が必要なのかを明確にして募集する。希望者と夜まで酒を飲みながらじっくり面接する。この人だと思う人がいたら思い切って集落に入れる。そうやって一つの集落が移住者を受け入れると、ほかの集落も実行し始めるだろうと言うのです。

そう考えると、大きな企業でも「一課一移住者」みたいな制度を設ければいいんじゃないのかな。ある部署に、全然違うところで働いてきたような人をポンと入れてしまう。その人がちゃんと機能するとわかれば、「うちの課にも移住者を入れてみよう」という話になるかもしれない。その時、外部の人の受け入れ方は、さっき馬場さんがおっしゃっていたような運命共同体的な契約関係がいいでしょうね。

馬場　ただ、企業であれ集落であれ、ドライな契約形態にプラスして、ウエットなコミュニケーションの仕掛けみたいなものも必要かもしれません。そこは、両極がセットの方がいいかもしれないですね。

「よそ者」として入って行く側の心得とは？

Q――実際の地域で、年齢も職業もバラバラな人たちをつなげるためのアイデアはありますか

山崎　地域に入っていく「よそ者」がどう振る舞うかは大切です。我々が地域に入る時、「こういう風にすればこの地域はよくなります」ということは、あまり掲げないようにしています。僕らは外から入ってきた人間。仮に僕たちの提案が正しくても、「よそ者に何がわかる」ということになる。「持続可能な地域社会をつくりましょう！」なんて呼びかけたらだめですね（笑）。「何が持続可能だ」と総スカンを食らいます。

だから、自分がやりたいことはいったん横に置いて、地域の人たちが今、何に困っているのかをひたすら聞いてまわる。そこからスタートすることが多いですね。ずっと耳を傾けているだけ。「はあ」「なるほど」「すごいですね」という三つの言葉しか言わないので、「あんたは何しに来たんや」とよく聞かれるんですけど。

馬場　うん、確かに（笑）。

山崎　ところがそうやって人の話を聞き続けていると、「あいつはなかなか優秀なやつだ」という話になる。実際は何も優秀なことは言ってないんですよ。ただ相手の話を聞いているだけですから。きっと地域には人の話をじっくり聞く人が少ないんでしょうね。「オレの話を聞いてくれ」という人は多いのかもしれませんが。

だから、「自分がやりたいことはコレだ！」という旗を掲げて地域に入るのではなく、みんなが困っていることを組み合せて、自分がやりたかったことに少しずつ近づけて、地域の人たちに認めてもらいながらプロジェクトを進めるのがいいと思います。年齢や職業がバラバラな人たちが抱えている課題は何なのか。それらの課題に共通項はないのか。そこを探りながら、共通した課題を解決するようなプロジェクトを組み立てる。そうすれば、みんなが自分に関係あるプロジェクトだと思って協力してくれるようになるでしょうね。

馬場　いいやり方ですね。

山崎　外から地域に入っていく人は想いが強いことが多く、無農薬の農業がやりたい、天然酵母のパンをつくりたいと、「やりたいこと」を明確に掲げて入ることが多いようです。できれば「やりたいこと」はある程度柔らかい状態で入り、地域の人たちとの対話のなかで少しずつ固めていくのがいいんじゃないでしょうか。

地域でつくった農作物が売れないことが問題なのか。みんなが集える場所がないのが問題なのか。若い人たちが来てくれるようなオシャレな場所がないことが問題なのか。人々の話に耳を傾けながら、「みなさんがおっしゃったことから、地域の食材を使って天然酵母のパンを焼き、カフェをつくり、みんながそこで集えるような場所をつくろうと思います」と提案した方が多くの協力を得られるでしょう。「ああ、わしが言うたことを本当にやるつもりなんか。ほんなら、うちの生姜でジンジャークッキーを焼いたらどうや」とかね。いろいろな価値観を持つ地域の人たちの協力を得ながらプロジェクトを進めることができることでしょう。

とにかく人の話を聞く。シンプルで遠回りのような気がするかもしれませんが、これが近道で長続きする道なんじゃないかな、という気がします。

やりたいことより「今やれること」を追いかける

馬場　みなさんは、やりたいことがまずあって、それを地域のなかでどう具現化していくかというのが課題なのでしょうか。山崎さんからのアドバイスは、まずはやりたいことを脇に置いておけ、と。ひたすら相手のニーズを聞いて掘り出して、それからだと。僕の場合はね、その前に、やりたいと思うことがあんまりないんですね。やりたいことじゃなくて、やれることをします、というスタンスなんです。やりたいことをやれるほどの能力はないって感じかな。まわりで天才をたくさん見てきましたから。

山崎　なるほど。

馬場　やりたいことよりも、やれることを探した方が簡単だし、結果としてやれることをやれたなら、きっとそれが僕のやりたいことなんだろうと。やれないことは、いくら一生懸命やってもね。ミュージシャンになろうと思っても、まあ無理なんですよ。やれることは何かな、と探っていくうちに、やってきたことが自分のやりたいことになった感じです。後追いでもいいから、そういうことにしちゃおう、みたいな。

そういう思考のモードって、人の話を聞く時と近い気がしますね。僕の場合は、「状況」に耳を澄ませている。今、このなかで自分が機能することがあるとすると、何だろうな、みたいなことを探す感じです。

山崎　そんな感じ、伝わってきますね。

馬場　誰にも相手にされていない物件でも、リノベーションですごくよくなりそうなところはこんなにあるよ、みたいな。公共空間のリノベーションもそう。公共空間って、たとえば公園とか、つまらない場所と思われがちですよね。ある意味、「思考の空白地帯」です。

山崎　人が公園と呼ぶ所には、たいてい何もイノベーションが起きていない。
馬場　そういうところこそ、おいしいなと思う。最初はやりたいというより「おいしいな」です。
山崎　そこで、自分だったら何ができるかを考える。
馬場　できることを先に考える。僕は、強烈な思考のジャンプで天才的な建築物を造れるタイプじゃない。そこは、もうわかりますよね、二〇歳ぐらいで。だったら今、着実にやれることを一生懸命やろう、みたいな。
山崎　おっしゃるとおり、その状況のなかで自分は何ができるかを打ち出していく方が、何をしたいかを先に押し付けられるよりも、いろいろな人たちがつながりやすいでしょうね。
馬場　そうかもしれませんね。
山崎　「俺がやりたいことはこれだ」って言われても、みんなはなかなか協力しにくい。つながりにくい。

「オフサイド」ぎりぎりを狙うトライアルの気持ちで

Q――新しいことを始める時、どう判断しますか。面白そう、という以外の基準はありますか

山崎　馬場さんは大学の博士課程に戻ったけれど雑誌『A』をつくり、大企業に戻っても何か違うなと、リノベーションがいいと東京R不動産を始めた。そういう選択は、面白そうだと思ってやってみたんですか。
馬場　もう試行錯誤ですよ。面白そうだと思ったから、みたいな文脈で語られるのは、そういう成功譚のようなところだけを取り上げるからで、むしろ、だめになったことは山ほどあると思うんです。それは言葉にすることすらできないくらい、もう自分でもよく覚えていない。

山崎　あとから語ると、全部面白いことだけ選んでやってきて、それがことごとくヒットしてきたように見えるけど、実際はそんなにうまくいくもんじゃないですよね。そうすると、純粋に「これは面白そうだ」という感じで一〇〇ぐらいやってみて、そのなかから二個か三個がものになったと。

馬場　まず面白いと思ったら、ちょっとやってみますね。破産しない程度に。

山崎　だめそうだったら、ちょっとこれは脈ないな、とあきらめも必要ということですね。

馬場　そんな感じ。僕、昔サッカーをやっていて、フォワードだったんです。足が速かったんですよ。いつも、オフサイドラインぎりぎりにつけて、パッと飛び出して裏へのパスを受ける。だめもとでバーッと飛び出す。よっぽどアイコンタクトがうまくいって、ドンピシャな時にしかパスは来ないんですけれど、実際は(笑)。まあだめでも、とりあえずちょっといっとくかって。そういう感じは、昔からありました。

山崎　うまくいく時もあるけれど、たいがいはパスが来ない。

馬場　ああ、まただめだった、みたいな。

山崎　パスがきたって、うまく止められなかったり。けれど、そのなかのいくつかは、ぴたっと位置もタイミングも合って、美しくゴールする。

馬場　テレビニュースで「今日のプレイ」が映し出されても、フォーカスされているのは美しいパスとシュートだけじゃないですか。でも、実際は選手のほとんどが、来ないであろうボールに向かって走っている。ただ、全体力を使うと続かないから、加減しながらね。ビジネスもノリとしてはそんな感じかな。

山崎　我々も近いですね。「コミュニティデザインなんて、どうして始めたんですか」と聞かれれば語り方は決まってくる。阪神淡路を経験してね、建築や設計もやったけど、やっぱり中身が大事だと思ってね……といって、順番に語ると、何となく今に向けて直線的に進んできたように見えますが、実際は試行錯誤の連続です。ゴールへ向けた話としては抜け落ちちゃうんですが、その間に冊子とかつくってみて、出版社みたいなものをつくった方がいいかなと思っていた時期もあるんですよ。でも、ちょっと脈ないなと思ったり。

馬場　だめもとのトライアルで大事なのは、必ず精神的な余白を残しておくこと。全速力で行って、帰ってこられなかったら大変なことになるので。だから、僕の場合、かっこよく、イチかバチか、俺の人生を賭けて一発ホームラン、みたいなのはないですね。そこまでできる勇気はない。

山崎　そうすると、「面白そうだ」「ちょっと可能性がありそうだ」と思ったら、全力ではないにしろ、ちょっと足を出してみる。そのなかでも脈のありそうなものは、どんどん前に行く。そんな感じですか？

馬場　うん、そんな感じがするな。

日銭を稼ぎながら無風地帯のビジネスに乗り出した

Q――コミュニティやリノベーションに関心がありますがいばらの道に見える…収入は得られますか

山崎　コミュニティとか、リノベーションとか、こういう分野はお金が入らないんじゃないかと、そういう心配ですね。たとえば、僕は studio-L を二〇〇五年に立ち上げました。ホームページに「studio-L は、人と人をつなぐ会社です」と書いてあります。実に怪しい会社です（笑）。誰が発注するのか、どうやって食べていくのか。だから仕事はほとんどありませんでした。先輩たちが頼んでくれる図面描きの仕事でなんとか生活していましたね。初年度は年収七〇万円でした。いばらの道のように見えるとおっしゃっていますが、僕から答えられるのは「確かにいばらの道です」ということ（笑）。馬場さんはどうでしたか？

馬場　僕は、休職中は、博報堂の先輩のかわりに企画書を書いたり、ちびちびとアルバイトをしていました。

山崎　博報堂の下請けみたいな仕事ですね。

馬場　会社を辞めて、本格的な設計を手掛けるまでの間はそうでした。それから、雑誌の編集の経験もあったから本をつくったり、編集の仕事をしたりして日銭を稼ぎながら。無風地帯のリノベーションに乗り出そうと思ったのも、当時、建築家の人たちは新築にばかり目を向けていたから、むしろここって〝おいしい〟かな、やれるところからいこうかな、みたいな感じで。当時は、リノベーションをしている人はいなかったから、どんどんお金がたまっていくわけです。企画や編集で稼いでいた収入と逆転していって。

山崎　実績もできますね。

馬場　今は完全に逆転して、編集の仕事では儲けないけど、本を年に一回つくる時に、その能力は発揮している。やれそうなこと、やれることとの種類を少しずつシフトしていった気がします。

山崎　博報堂である程度ちゃんと生活していける給料だったのが、辞めたら確実に収入が減ることは見えていた。それでも辞めたわけですよね。それは、なぜですか？

馬場　そうしても死なないぐらいにはできるかなって。そもそも、僕は大学時代、子どもができたりして、卒業も就職もしないうちから食うために働かなければならず、極限状態を見てきましたから。

山崎　ああ、もうそういうのは経験していたんだ。

馬場　あれよりちょっとマシなら、まあ大丈夫ってことを知ってるから。そこは、楽天的だったと思います。だから、自分を追い詰め過ぎないことも大切だと思います。追い詰められると、人間、ろくなこと考えないって怖い経験をしたので。追い詰められすぎないように気をつけています。

山崎　確かに、僕も独立した時は「いざとなればバイトはどこでもできそうだ」という感じはありました。マクドナルドの時給八五〇円の張り紙を横目で見ながら。最初はコミュニティデザインの仕事だけでは食べていけないので、先輩からもらった設計のアルバイトをしたりしていました。そこに少しずつ「デザインワークショップやりませんか？」と提案して、コミュニティデザインにつながるような仕事の実績をちょっとずつつくっていきました。まったく一緒です。

馬場　でも気をつけなきゃいけないのは、僕の場合は、ある時、家族に出ていかれましたね（笑）。あまりに先が見えないほど貧乏だったので。いろいろ、むちゃくちゃ過ぎて。おかげさまで、復活しましたけれど。

山崎　そういう武勇伝もお持ちなんですね。僕も含めて、新しいことに踏み出す人たちは、いろいろなところに傷を持っているけれど、そんなことを言っていてもしょうがないですもんね。

馬場　とにかく、無理をし過ぎないように。

Q——家庭生活はどうされていますか。お子さんにはどんな人生を歩ませたいですか

山崎　馬場さんは学生結婚だから、お子さんは随分大きいですよね。

馬場　子どもに対して考えているのは、子どもは僕じゃない、一個人なのだから、自分がそうだったように、

やりたいようにやってくれ、ということです。僕の父は地方銀行の銀行員だったんですが、僕がふらふらした生活をしていたり、学生時代に子どもができたりしたのが大ショックだったらしいんですよ。俺は銀行で貸し付け担当なのに、お前はお金を貸せないような人になっちゃっていると。僕はその時は、なんで親父がショックを受けているのかまったくわからなかったんですが、自分の子どもができて、少しはわかるようになりました。そうは言っても子どもは僕じゃない。今は、それでいいと思っています。

山崎　感覚が近いな。僕も、地域のコミュニティの方々と話している時に、それぞれがまず自立すること、それぞれの人たちが自分で商売だったり人生だったりを生きられるようになった上で、いかに協力してその地域の価値を上げていくかということをやりましょうと言っている。

家族にも、同じようなことを同じような口調で伝えていますね。もたれあうんじゃなくて、あなたはあなたでやりたいように、僕は僕のやりたいように、と。いつも言っているので、二人の息子は僕が歩ませたい人生ではなく、自分が歩みたい人生を歩んでいくと思います。彼らは消息を尋ねる時以外、僕に連絡をしてこないです。仲が悪いわけじゃないですよ。家族はだいたい僕のFacebookを見ていますので、生きてることは確認しているみたい（笑）。それで、たまに会うとわーっと盛り上がってるという、そんな家族です。

馬場　僕も家族、めちゃ大好きです。遅くまで仕事しながら、早く家に帰って、一緒に食卓を囲んでご飯を食べたいって夢を描いて。それが夢になっちゃうぐらい、ドタバタした毎日は続いているのですが……。

（二〇一三年一〇月一五日）

REVIEW 4

チームであるために必要なこと

馬場さんと深い話をするようになったのは五年ほど前からだ。その時、R不動産とstudio-Lの仕組みがあまりに似ているのに驚いたことを覚えている。ただし、まったく同じだというわけではない。馬場さんの会社であるOpen Aは一般的な給料制で、そこから見ればR不動産は一つの事業ということになる。その事業がフリーエージェント集合型で運営されているというわけだ。一方の僕はstudio-Lというコミュニティデザイン事務所を経営していて、それ自身がフリーエージェント集合型になっている。そこでは八〇近くの事業に携わっているが、その一つに立川市子ども未来センターの事業があり、ここはいわゆる給料制になっている。つまり、馬場さんは給料制の会社の一部にフリーエージェント集合型の事業を持っていて、僕はフリーエージェント集合型の組織のなかに給料型の事業を持っていることになる。

だから組織の運営面での試行錯誤がものすごく似ている。もっと早く知り合っていれば悩みを共有できただろうと思うほど似ている。その悩みの一つがスタッフの教育だ。フリーエージェント、つまり個人事業主が集まって仕事をする場合、その教育をどうするのかは僕も長い間悩んできたことだった。studio-Lはギルド的な働き方をお手本にしようと思っていたため、親方が職人に技術を教え、職人は成長したらまた若い職人に技術を教える。親方が仕事を教えると職人もまた仕事ができるようになるので、いつか親方に依頼されるはずだった仕事を職人が取ってしまうかもしれない。そうとわかっていても親方は職人に無償で仕事を教える。そうやって質の高い仕事ができる集団だと外部から認知されるようになると、仕事の依頼が増えるだろうと信じているからだ。だからこそ、育ててもらった若者は、次の若者を無償で育て、ギルド全体の価値を高めていこうとする。

こうした働き方は、福利厚生がしっかりしていて、黙っていても社員教育が受けられるような会社とはかなり違う。大企業から studio-L に合流して面食らう人が多いのも頷ける。しかし、僕たちはこの方法を続けようと思う。賛同する人たちが集う組織でいいじゃないかと思う。最近は大企業の社員研修を依頼されることが多くなってきた。研修会場へ行くと「ほかの仕事があるのに上司に言われたから仕方なく会場に集まった」という雰囲気に包まれることがある。「フリーエージェント集合型の組織運営は間違っていなかったな」と感じる瞬間である。うちのスタッフにそんな態度をとる人は一人もいないからだ。

以上のような組織なので、大学を卒業したばかりの新卒者が合流してやっていくには厳しい職場だといえよう。丁寧な社員教育がない。毎月定額の給与が支給されるわけではない。だからこれまで、studio-L はある程度社会人経験がある人しか合流を認めてこなかった。ある程度自分にできることがあり、貯金があり、自ら学ぶことができる人でなければ、続けるのが難しい働き方だと思っていたからだ。R不動産もまた、これまで新卒者を仲間に加えることは避けてきたという。フリーエージェントの集まりであるR不動産のなかで新卒者が仕事を続けることは難しいという懸念からだろう。ところがこのほど、初めて新卒者を仲間に入れたという。驚くことに、studio-L も同じタイミングで新卒者を合流させている。学部卒の女性が初めて新卒で合流した。そしてつい最近、新卒の男性も合流した。

R不動産と studio-L は、模索していることや実行していることがほとんど同じである。新卒で採用されたスタッフが今後どう成長するのか、とても楽しみである。こうした働き方を仕事のキャリアの最初から経験した人だからこそ生み出せる発想力で、将来はさらに新しい働き方を生み出すかもしれない。馬場さんのように、オフサイドラインぎりぎりから何度も走りだし、一〇〇回に一回くらいのチャンスを掴んで新しいことを始めてくれることに期待したい。

（山崎亮）

CONVERSATION

5

面白い会社のつくり方

柳澤大輔

面白法人カヤック代表取締役CEO

やなさわ だいすけ／1974年香港生まれ。慶應義塾大学環境情報学部卒業。ソニー・ミュージックエンタテインメントに入社した後、1998年面白法人カヤックを設立。Web制作の業務をスタート。絵画を面積で計り売りする「Art-Meter」(譲渡済)や、スマホゲームに特化したグループチャットアプリ「Lobi」といったサービス、サイコロの出目で給料が変動する「サイコロ給」や1年に数ヶ月海外に支社をつくる「旅する支社」という仕組みなど、サービス・仕組み共にユニークな面白法人である。著書に『アイデアは考えるな。』『面白法人カヤック会社案内』等

鎌倉の会社、面白法人カヤック

山崎　柳澤さんの会社は「面白法人」という枠組みを掲げている。きっと面白い働き方があるに違いない。今日はいろいろ教えてもらいたいと思っています。

まず、カヤックではどんなお仕事されているのか、そのなかでの働き方の工夫、働き方をちょっと楽しくする方法、組織運営で工夫していることがあれば、お聞かせいただければと思います。社員がどれくらいいるのか、というところから教えていただけますか。

柳澤　今、二〇〇人ぐらいです。ほとんどが、ウェブクリエイターとしての採用で、そのうちの六割がエンジニアという、技術者の集団。現在は、アプリやゲームの自社サービスの開発が七割ぐらい。残り三割ぐらいは、受託での開発です。

受託の場合は、広告的な仕事が多いです。最近では、二〇一三年の夏に公開された「貞子３Ｄ２」の第二弾で、スマートフォンと映画を連動させる、世界でも初めての試みをしました。３Ｄを超える「スマ４Ｄ」上映。事前にアプリをダウンロードしておいて、映画館で上映中にスマートフォンを立ち上げたまま鑑賞すると、上映中に「貞子」から電話がかかってきたり、突然、バイブレーションでブルブル震えたり。スマートフォンを手にして映画を見ると、より一層ホラーな感じを楽しめる仕掛けです。

一番好評だった機能は、家に帰ってから、深夜〇時に「貞子」から電話がかかってくるというもの。ツイッターで「怖い」と相当つぶやかれました。新しい技術を使って何か新しいことをやる。これなんかは、クライアントワークですね。映画の脚本づくりのタイミングから一緒にやらせていただきました。

社員全員がウェブクリエイター

山崎　比率としては、そういう受託よりも、自社開発の方が断然多い？

柳澤　そうですね。五年ほど前から、自社開発の方に舵を切っています。戦略とは絞ることだと思うんですが、企業戦略としては、組織戦略と事業戦略の二つがあります。組織戦略で僕らがけっこうユニークなのは、職種を絞る組織のつくり方ですね。スタッフのほとんどがウェブクリエイターです。職種を絞ると、会社の制度もすごくシンプルになるんです。働き方も、評価制度も。

一方、事業戦略については、仕事は何をやってもよろしいということで、多様性を重視している。さっきの貞子みたいな受託サービスもそうですが、仕事の種類は絞りません。その多様性を生み出せているのは、おおもとの組織づくりで、ウェブクリエイターの人材に絞るという戦略を貫いているからだと思います。

山崎　なるほど。

柳澤　社員の一五％は外国人なんですよ。これは、自分のアイデンティティのトップにナショナリティでなく、エンジニアリングがくる人を採っているからですね。外国人か日本人かよりも、自分はエンジニアであるという価値観で育っているかどうか。そういう人材に絞り込む組織性が事業性を規定する。その組織性があるからこそ、競争力も生まれる。そんな会社です。

やらされ仕事じゃない、自分事感覚を

山崎　鎌倉に本社があるんですよね？

柳澤　ＩＴ企業が鎌倉を拠点にしているのは珍しいですよね。一五年前に会社を立ち上げた時に、これからはＩＴというツールでどんどん人間の生活が豊かになって、どこでも働ける時代になるだろうと考えて、鎌倉という場所を選んだんです。それから、「旅する支社」という制度もあります。三カ月間ぐらい海外にオフィスを借りて、みんなでかわるがわる「支社」で仕事をするスタイルです。

山崎　今も続けていますか？

柳澤　続いていますね。海外と言いつつ、二〇一三年はなぜか伊豆という、非常に近場でしたが。社員が五〇人ぐらいの頃までは、全員で行っていましたけれど、社員が増えてしまったので、さすがに全員では行けなくなりました。今はチーム制にして、二〇人ぐらいがどこかに合宿するスタイルに変わりました。

山崎　これまで、どこに滞在しましたか？

柳澤　経営陣が好きなイタリアでは、三カ月ずつ四回ほど。僕は、毎回一カ月ぐらい。うちの子どもは

カヤックの鎌倉本社

当時小学生だったんですが、毎回、学校を休ませて行っていましたね。それから、僕はサーフィンをするんですが、数年前までは四国でサーフィン合宿をしていまして、毎年一カ月は行っていました。

山崎　そういう場合って、賃貸物件を借りるんですか？

柳澤　いろいろなパターンがあります。ホテルを借りることもあるし、コンドミニアムを借りる時もある。イタリアの場合は、郊外のゆったりした自然を楽しみながら滞在できる「アグリツーリズモ」を利用しました。ネットの回線がしっかりつながっていないと仕事にならないので、そこだけはしっかり確認することが必要です。「旅する支社」では、ほかにもベトナム、ハワイ、タイと、けっこういろいろ行きましたね。

チャレンジングな働き方ということで、「旅する支社」がメディアに紹介されることも多いですが、僕らはそもそも、普段の働き方が自由なんですよ。週休三日の人もいますし、辞めた人も四〇〇人ぐらいいて、離職率は高いです。これも、もともと「リクルート」のクリエイター版を目指していて、辞めて独立してから活躍する人をどんどん輩出していこうという発想です。辞めた後もお互いに仕事でつながったりしています。

山崎　辞めた人は、自分で独立できる自信がある方が多いんですか？

イタリアでの「旅する支社」

柳澤　僕らの会社は「面白法人」というコピーをつけてやってきました。最初は、僕ら自身が面白く働こうというところからスタートしているんですけど、面白く働くためには、主体性だとか、やる気が一番大事。やらされ仕事じゃない、「自分事」感覚ですね。自分がこの仕事をつくっているんだという意識というか。
　面白いと思っている者同士が組んで仕事をつくっていくとすれば、そのメカニズムとして、独立が一番手っ取り早い。そもそも、僕ら自身が独立して会社をやっていることが最高に面白いので、僕らのところに入ってきてくれた人であっても、この会社にずっと縛り付けようという感覚が持てないというか。その人が「独立」と言った時は止めない、そういう会社なんです。

軸のあるフリーランサーと働きたい

山崎　二〇〇人の方々は、全員が社員ですか？
柳澤　ほとんどが社員ですね。アルバイトや契約社員を入れると、もう少しいます。ただ、五年ぐらいすると辞めたりしていく、そういう感覚になっています。
山崎　週休三日とか、働き方自体も自分で決めるのは、いわゆる固定給ではない？
柳澤　裁量労働制です。
山崎　どれだけのアウトプットを出したかということによって評価する。
柳澤　ただ、年に四回賞与が出て、業績に応じてチームに分配される。個人の年棒だけでもないですね。
山崎　個人の業績とチームの業績と、両方を評価して報酬に反映していく仕組みですね。
柳澤　一五年前、ＩＴの黎明期にこの業界に出てきて、これからは自由に働ける時代になるし、企業もやっぱり、一人の人を組織に縛り付けるのは難しいんじゃないかなと思い、会社の風土も離合自由という雰囲気にしていこうとずっとやってきました。ただ、僕自身のなかには、ここ数年、一人の人が会社を出たり入ったりする「離」とか「合」とかの枠を超えて、一人だけれども複数の会社の仕事にコミットしたり、逆に何人かが合わさって一つの作品にコミットしたり、新しい組織づくりの発想も生まれてきています。

山崎　完全なフリーランサーというよりは、二社どっちにも「所属」するような？

柳澤　はい。フリーランサーには、良し悪しがありますね。今朝、たまたま七〇歳くらいで仙人みたいな風情の人と出会って話をしたんですが、その人が面白いことを言ったんです。やくざの世界では、一つの組織に所属していない人を「流しのやくざ」と言って、どこにも所属しないでふらふらしている人っていうのは、大体はやられちゃって、長生きしないよと。だから、どこにも属さない根なし草では最終的には良くならないと。僕はそれを聞いて、一理あるなと思ったんですよ。実際にいろいろなところに所属する働き方は、最初は楽しいけれど、四〇〜五〇歳になっても深い根を張れずに、ちょっと浅い人生になるかもしれないと。何か一つ軸となるものがあったうえで、いろいろ顔を出す感じじゃないと。

山崎　なるほどね。

柳澤　会社としては、フリーランサー的な人材の活用は万々歳ですけどね。ただ、個人の立場に立って考えると、それを推奨するのがいいことなのか、一概に言えないなという気もしていて。一つの場所に根を張って、しっかりコミットすることによって人格が磨かれていく世界もあるのかなと感じています。結論めいた話になっちゃいますけど、最終的には、どちらがいいということはない。要は、組織づくりの進化の先にある〈個〉の新しい形であり、人材の多様性なんだろうなという気がするんですよ。

山崎　フリーランスって、もともとの意味から考えてもジレンマがありますよね。中世の傭兵は、雇われたところで槍を持って戦う、フリーなランサー（槍騎兵）だったわけで、そこからフリーランスという働き方の呼称が生まれているんですよね。そう考えると、いろいろな人に雇ってもらいながら、どこにも所属せずに働き続けることになるんだけれども、五〇歳、六〇歳になるまでずっといろいろなところで雇われる生き方が本当にいいかどうか、という命題ですね。むしろ、まずは一つの仕事にじっくり取り組んでみてからいろいろな働き方を試すとか、一つの所属で働いて仕事を覚えつつ、二つ目、三つ目の所属を増やしていく働き方等、完全にフリーランスで生涯を終えるのとは違う働き方や生き方があるのかもしれないですね。

退職者も巻き込んだクリエイターの生態系が〝カヤック〟をつくる

Q（会場）――辞めた人たちと仕事をするのは難しくありませんか。どのようにコラボしていますか

柳澤　辞める時は男女の別れもそうであるように、いい関係で別れる人とそうでない人がいます。いい関係にしておかないと仕事をしようという気は起きないですよね。だからなるべくいい関係で別れるようにしたいと思っています。そういう意味では、割合からするとおおむね良好な関係が保てているのだと思います。

なぜかというと、カヤックという会社はオープンであることをすごく重視しているからで、合う、合わないも含めて、全部オープンにしていきたいと考えています。辞めた時にどういう理由で辞めるか、必ずきちんとコミュニケーションをとることを重視しているので、それで多少厳しいことを言い合っても、それはそ

れでいい関係でいられる。

入口のところでも、情報はオープンにするようにしています。最初に入って三カ月以内で辞めると退職金が出る、という仕組みがあるんです。「もし最初に合わないと感じたら、その直感をお互いに信じて、早めに結論を出しましょう」という話まで最初の段階でしている。そうやって、合わないのにずるずる続けて鬱屈していくことはないようにしています。

山崎 辞めることをよしとするといっても、そういう雰囲気を醸成するのって、相当工夫が要りますよね？

柳澤 カヤックのホームページには、希望した方は全員、退職者の紹介を載せています。それに加えて、ここ最近は、退職者がどんな活動をしているかという「退職者インタビュー」も載せています。よく、高校の紹介ならば、卒業生の進学大学リストが載っているじゃないですか？ あれと同じように、カヤックを卒業した人は、どこの会社に行っているのかというリストを出しているわけです。

経験やノウハウは蓄積より更新が重要

Q——辞める人が多いと会社としてのスキルの蓄積はどうしていますか

柳澤 辞めないで、人的なものやノウハウが残った方がいいという考え方はもちろんあります。でも、僕らとしては、会社を離れたとしても、辞めた人の生態系が広がっていけばいいととらえています。最終的には、会社にいる人も辞める人も含めて、ゆるやかにつながる世界ができればいいなと思っているんです。実際には、まだ実現できてはいないのですが。

会社全体として何がたまっていって資産化されればいいのか。僕は、この生態系の広がりによる影響力と、面白法人というブランドによる発信力だと考えています。この二つが蓄積されていればいいだろうと。だからキーマンが辞めて仕事がゼロベースでつくり直されるようなことがあっても、よしとしています。

山崎　なるほど。スキルの蓄積というところを見ているわけではないと。

柳澤　もちろん、そういうスタンスが取れるのは、IT業界だからなんだろうとは思います。IT業界は非常にサイクルが速くて、次から次に変革が起こっている世界なので、あえてゼロにした方がよりイノベーションが起こせる側面もあります。

山崎　若い人の発想を生かすこともできるし、その人の持っている知識ごと刷新できる。

柳澤　むしろ蓄積しないことが普通という世界なんでしょうか。鶏と卵なんでしょうけれど、自分たちの性質を突き詰めていった結果、そういうサイクルのなかで仕事をすることを選んでいったのか、そういうサイクルの業界だから、それに見合う人材が集まってくるのか。どっちが先かはわかりません。

山崎　立場が人を育てると言いますけれど、一人が辞めると、残された若い人は育たなきゃいけない環境に置かれて、伸びるでしょう?

柳澤　元気になりますね。

山崎　蓄積がないと、同じようなことを何度も検討しなければならない非効率な面もあるけど、それを毎回何とかしようとする自助努力によって内部からの力がぐんと上がっていく、効果的な面もあるんでしょうね。

採用も面白く——人事部の創造的採用企画

Q——日本人と外国人とで採用の基準は違いますか

柳澤 違いは全くないです。カヤックはエンジニアが中心なので、採用の際に、まずは過去につくった作品を見せてもらいます。あとは日本人の応募者にするのと同じような質問をします。必要な場合には通訳をつけて。だから、採用の基準はほとんど変わりません。働いてからの評価も、日本人と差がつくようなことはなく、一緒にやっています。ただしデザイナーは、そのやり方ではちょっと厳しいですね。職種としては言語の壁が出てしまいますから、エンジニアと同じようにとはいきません。

Q——採用は誰が決めるのですか。人事部があるのでしょうか

柳澤 人事部はあります。三人でやっていますが、みんなクリエイター体質ないしクリエイター出身ですね。

山崎 元クリエイターの人事部！

柳澤 より創作に専念して働ける環境を、クリエイターの視点から考えることが一つ。もう一つは、採用も「面白く」創造していくこと。人事には、研修、教育、採用といった、いろいろなミッションがありますが、教育、研修は、うちの場合は比較的、比重が軽いんです。現場主義なので、採ったらどんどん前線に立ってもらいますから。一定レベルのプロデューサーになると、戦略研修みたいなものはあるんですけれどね。

人事のメンバーにとっては、採用に対するエネルギーが、全体の業務の六〜七割を占めていると思います。

次から次に卒業していくということは、次から次へ入ってくるということですから。そこで人事のクリエイター力を発揮するわけです。毎年ユニークな採用キャンペーンを四、五本、仕掛けることがミッションです。

山崎　たとえば？

柳澤　二〇一三年には、四月一日に「エイプリルフール採用」というのをやりまして。この日にエントリーする人は経歴詐称OK、履歴書を改ざんしてもOKです、という企画です。テレビでも取りあげていただいて、六〇〇人ぐらい応募があり、実際に書類選考を通過したのは四〇人ぐらい。僕は六〇〇人の履歴書を全部見たんですけど、ハリー・ポッターの「ホグワーツ魔法魔術学校出身」という人が二〇人ぐらいいました。

山崎　魔法使いが二〇人もいたんですか(笑)。

柳澤　僕の「お母さん」とか「愛人」という人の応募もありましたね。

　ほかにも人事部の企画で結構面白かったのは、よく企業が合同説明会をやりますよね。あれを一社だけでやってみてはどうかという「一社だけの合同説明会」。社員四〇人ぐらいが、一人ひとりブースを出して。なかには、退職者ブースやクライアントブース、内定辞退者のブースまでありました。この企画が人事部から出てきた時は、非常に理にかなった企画だなと思いました。カヤックに興味のある人しか来ないでしょうけれど、四〇人の社員と話せる機会はなかなかないですよね。

山崎　確かにクリエイティブな人事部ですね。

柳澤　カヤックでは採用を誰が決めるのか、というご質問がありましたが、社員のみんなが決めるという形ですね。かなり多くのメンバーに会ってもらって、一緒に働きたい人を採用しています。基準としては、

「一緒に働きたい」という一言に集約されますけれど、そのなかには、面白いものをつくっている、人柄が信頼できるとか、そういうみんなの肌感覚も含まれていて、その集積で決まってきますね。

山崎　何人ぐらい面接しますか？

柳澤　大体四〜五人ぐらいは会ってもらいます。多い人だったら、七〜八人ということもあります。

あとの六〜七割は過去につくったもので決まります。中途に関してはもちろんですが、新卒についても、つくったものをまず見ますね。天職がクリエイターだという人を採るので、学生の時点で何もつくっていないとか、課題授業の課題以外に自分の作品をつくっていない人は、多分これからもつくらないのだろうなと判断するケースが多いです。

僕を含めて共同代表が三人いるので、その誰かが最後に会って最終決定します。それはどちらかというと、チェックというよりは承認という感じです。我々のような

カヤック１社だけの合同説明会

そこまで規模の大きくない会社ですと、社長という存在がかなり近くなります。そうすると、組織のトップに認められて入社したかどうかは、その人の今後に影響する。承認されて入ったという感覚を持ってスタートをする方がきっと楽しいと思うんですよ。ＯＫを出した僕らも、それが責任になりますしね。

カマコンバレーで働く理由

Ｑ——地方や海外に働く場を変えるとアウトプットにも違いは生まれますか

柳澤　関係がありますかという質問に対しては、「あるようにしようと思っている」という回答になります。もともと、会社を鎌倉に置いたことや「旅する文社」の出発点は、インターネットというツールがあれば、どんなところでも働ける時代になる、というシンプルな発想が根底にあったんです。せっかくなら古いお寺があるような鎌倉で働ければいいんじゃないか、たまには移動して働くのもいいんじゃないかと。

一五年間、その形で会社をやってみて、働く場所が確かに仕事に影響を与えて、社会がその流れについてきたかといえば、正直、その流れはこなかったのかなと。資本主義の会社は経済合理性を求めますから、わざわざ遠い場所にいかない。

ただ一方で、一五年間、鎌倉という地域にコミットしてきて、せっかく会社がそこにあるんだから、地域を良くすることにも会社として肩を貸した方がいいねと考えるようになりました。その方が僕らも楽しくなるし。やっぱり、自分が住んでいる、働いている地域を自分たちがよくしているんだという思いでやっていたら、すごく楽しくなりますよ。地域と会社との関係性も楽しくなってくるし、そういう活動をしている時はやらされてる感がありませんから。

山崎　そこも、「自分事」感覚が大事なんですね。

柳澤　地域で活動するなかで仲良くなった会社もありますが、みんなユニークですね。たとえばアメリカのアウトドア用品メーカー「パタゴニア」の日本オフィスは鎌倉にあって、社員をサーフィンに行かせたり、利益は顧客からの信任票という考えで、売り上げの一部を環境団体に寄付していたり。「鎌倉投信」という投資信託会社は、社会に貢献している企業にしか投資しないという理念で、すごい実績を上げて注目されています。うちも含めてそうした会社に共通することは何かというと、企業の立地として鎌倉という土地をわざわざ選んでいること。その背景には、経済合理性だけじゃない何かがあると考えていることでしょうか。そういう似た者同士が集まる地域になってきているんだと思うんですね。

山崎　みんなユニークな会社ですね。

柳澤　それから今、鎌倉の企業が二〇社以上も集まって「カマコンバレー」という集団ができました。僕らの意識は、単に鎌倉にコミットしようということではなくて、日本のため世界のために一極集中で効率だけを求めていくのではない、新しい価値観を示していきたいね、その方がハッピーになれるよね、と。あえてこの地を選ぶことで、地域としての価値を高めるお手伝いをしながら、そうした新しい価値観を含めて世界に発信していきたいと考えています。カマコンバレーの仲間とは、いつもそんな話をしています。

ただ、鎌倉を本拠地にしていることや、場所を変えながら仕事をしていくスタイルがビジネス上有利になるかというと、有利にはならないですね。「旅する文社」も、取材の時にいつも聞かれるのは、「場所を変えると発想も変わるし、ビジネスにもきっと有利ですよね？」ということ。実際にはそんな物語性みたいなものはないです。場所を移動するのは、実際、面倒臭いことが多いですから。

山崎　あれ？　僕も期待していたんですが（笑）。

柳澤　鎌倉にいると、移動費、交通費、通勤費が高くなるし、採用のために、都内に支社をつくったり、効率という意味でよいとは言い難い面もあります。

山崎　働く場所を変えてみるとアウトプットにも何か影響を与えてほしいとみんなは思うけど、そういうことじゃないんですね。余計な手間や経費もかかるけれど、単純に楽しい、やりたいからやっていると。

柳澤　だから、「旅する支社」も行きたくない人には行ってほしくない。その代わり、行きたい人は、行って必死になってほしい。マストじゃなく自己選択なんだという方が、行った先で何か成果を上げないと、この仕組みがなくなるぞっていうプレッシャーがかかって、かえっていいかも（笑）

山崎　カヤックのなかに「旅する支社」のファンがいて、その人たちの努力でそのスタイルが支えられている。

柳澤　そう。その一方で、全然興味がない人もけっこういます。

多様性こそが面白さの源泉に

Q――カヤックが追求している「面白さ」と、経営の合理性はどうバランスさせていますか

柳澤　やっぱり、多様性をあえて担保することに尽きますね。もちろん、多様性があると、なかなかまとまらないんですが。たとえば、鎌倉に本社があっていいねという人は、だいたい三〇歳以上なんですよ。結婚

して、子どもがいる頃になると、環境的にいいかなという話になってくる。でも若い人は、渋谷とかに住んで刺激的な方が面白いし、東京の方がいいという意見も必ず出てくる。それでもなお、の多様性です。

山崎　その方が面白さにもつながるし、最終的には経営上もバランスすると？

柳澤　IT系の特徴だと思うんですけど、全部数値化できればしたいと思ってます。たとえば「仕組み化」によって面白さを測れないかという試みをやっていまして。もちろん会社なので、毎年中期計画があって、決算が三カ月ごとにあって、さらに二〇一一年には外部から資本も受け入れましたから、数値的な目標があり、普通に事業計画書をつくって、当たり前のようにやっているんですね。ここは何の特徴もないんですが、それ以外の部分でどう数値化するかに取り組んでいます。

たとえば、「面白法人」というキャッチコピーは創業期からあるんですが、面白法人とは何ぞやと突き詰めていった時に、三段階に分けたんです。

①自分たちが面白く働く
②みんなから面白いと言われる
③カヤックのおかげでなんだか楽しくなりましたと言う人を増やす、　という風に。

〈面白い仕事〉は数値で計測できる

柳澤　①の「自分たちが面白く働く」を確かめるために、半年に一度、全社員にアンケートを取っています。面白く働いているかどうかを回答してもらう。その結果、全体的に面白く働けてない人が増えていくと、人事部は何か手を打つし、面白く働けていないメンバーを抱えたチームのリーダーは評価が下がります。

山崎　②の「みんなから面白いと言われる」はどうやって？

柳澤　そこも数値で測るために、面白さの定義をはっきり出せないかといつも試行錯誤しています。今はソーシャルメディアの時代になったので、どれだけつぶやかれたかという指標があります。その一つに、自分たちがつくったものがどれだけつぶやかれたか、つぶやかれたかというネット上の露出度が計測できるようになりました。自分たちが面白いと思っても誰にもシェアされなかったら、まだまだだということです。

これはクライアントからの受注の仕事においても一緒で、「何ツイートを狙いましょう」と最初に設定してしまう。そこを徹底させようと。

山崎　③の「カヤックのおかげでなんだか楽しくなりましたと言う人を増やす」はどうですか？

柳澤　これはなかなか測定できないのですが、「ネットプロモータースコア（NPS）」とか、いろいろな指標を使って、なんとか数値化しようと取り組んでいるところです。

山崎　なるほど。人事評価に話が戻るのですが、さきほどのお話を聞いていると、プロジェクトが立ち上がる時に、リーダーがこのプロジェクトチームに入ってよと呼びかけるんですよね。そこに入った人は、他のプロジェクトチームに呼ばれたり、兼任したりもしていると。リーダーの評価は、いろいろな人たちからの評価を合算して決まっているわけですか？

柳澤　ちょっと複雑なんですが、「プロジェクトのリーダー」という概念と「職種のリーダー」という概念の二通りがあるんです。楽しく働いていたかどうかの責任は、どちらかというと職種の方のリーダーに紐づいている。「職種のリーダー」はそれぞれのキャリアをみてあげる役割で、このエンジニアをどういうプロジェクトにつけていけば、その人がスキルアップをして楽しくなるかということに責任を持つ。

一方、プロジェクトリーダーはプロジェクトごとの成果のポイントも付けているので、プロジェクトがあって、どういうレベルのデザイナーとエンジニアが何人必要で、と申請をして、職種のリーダーによって割り当てられたメンバーとチームをつくります。各プロジェクトの進行をみながら、三カ月ごとに、誰がどういう働き方をしたか点数をつけて、その合計が賞与の原資になる仕組みです。

山崎　そうすると、職種のリーダーは、ツリー構造になっているんですか？

柳澤　とはいっても、一つひとつのプロジェクトに対する評価は、プロジェクトリーダーに一任されるので、職種のリーダーが直接評価をしているわけじゃない。職種のリーダーの管轄は、あくまでもその人が進むキャリアの完成を手伝う感じなので、直接の上司という関係ではないんですね。

賞与に関しては、さきほど話した通り、かっちりと業績で決められるので、そのプロジェクト全体の業績に応じて配分が決まってくる。それでも、新人が先輩を抜くという逆転現象が起きてくるのは、プロジェクトリーダーが配分をした蓄積によって年俸が決まってくるからです。

ベースの基本給はシンプルで、同じ職種同士のランキングをつけ合います。二〇人のエンジニアがいたら、その二〇人を年俸順に順列をつけて並べてもらう。お互い並べ合った合算値の平均が報酬順になる。「食べログ方式」です。主観で点数を入れていくんですが、主観の合算値は意外と納得感のある順番になっていて。

山崎　その順番は公開されているんですか？

柳澤　はい。ある程度は。五段階ぐらいで、みんなの評価でその人はどこの位置にあるかわかるようになっています。そうすると、Aクラスは何人とわかるので、人事も計画を立てやすいし、Bクラスが足りないならば、そのクラスを増やす。プロデューサーも、このプロジェクトにAクラスが何人ほしいとかね。

山崎　ベース給は「食べログ方式」のランキング制、働き方の評価はプロジェクトリーダーの点数制、だけど賞与はかっちりとプロジェクトの業績による山分け方式と、いくつもの方式が組み合わさって年俸が決まっていくんですね。複雑だけれど、紐解いてみるとシンプルな報酬の仕組みかもしれないですね。

数値化、見える化で働く人の意識が変わる

山崎　会社が追求する「面白さ」と経済合理性とのバランスをどう取るか。お話を聞いていると、単に面白いからやろうというだけではなく、インターネットを使った仕事だからこそ、実はかなり緻密にその面白さを計測する仕掛けをした上で、きちんと「面白い」と評価できることに軸を置く戦略をとっているんですね。

柳澤　評価として数値化したものも含めて、全部オープンにするということです。ともすれば、自分が面白いと思うことだけをやりがちなんですが、数値として「見える化」すると、自浄作用が働く。やっぱりこのままいくと、三カ月は賞与が出ないんじゃないか、とかね。全部オープンにすることで、自然と働く人の意識もコントロールされていく。こういう自浄作用って、インターネットの世界に近いと思う。ネットの世界は、特別に監視をしていなくても、変な行為をした人がいたら一瞬にしてみんなで気づいて修正するような集団になっている。情報をできるだけオープンにしてシェアできるようにしておくと、勝手に自動浄化装置が働いて運営できてしまう。会社の運営も、そうなるのが一番理想なんじゃないかと思ってやっています。

報酬の仕組みもそう。僕らは職種をウェブクリエイターに絞っているから、報酬は納得感があるかどうか

に尽きるんです。最も納得するのは、自分が認めている人による評価なんですよね。認めてない人からの評価は、どう言われたって納得感がないんだと思う。

逆に、認めていて尊敬できる人から「お前はこうだ」と言われたら、納得せざるを得ない。だから僕は、同じ職種の人同士で評価し合う仕組みをつくったんです。エンジニアはエンジニア同士で評価される方が納得しやすいだろうと思って。

Q――一五年間変わらない理念はありますか。その間に社員の働き方は変わりましたか

柳澤　言葉を大切にしている会社なので、「面白法人」というキャッチコピーは一五年間変えていません。このコピーにふさわしい会社であろうとする姿勢は同じです。あとは、もともと同級生三人で立ち上げた会社で、三人の頭文字を取ってkayac（カヤック）としたんですが、このメンバーが今でも仲良しというのは変わっていないですね。

山崎　友達同士でビジネスを始めても、なかなかうまくいかなかったりしますよね。

柳澤　バンドが解散する話は、すごくよくわかる気はします。僕らはたまたま、方向性が合致していたから続けてこられたんですよね。たとえば、一人が会社を大きくしようと思ったタイミングで、みんなも大きくしたいと思っていたという風に。

山崎　何か工夫は？

柳澤　週に一回、必ず三人で二時間ぐらい雑談をしてきましたが、それがシンクロ効果を生んだかどうかは

わかりません。たまたまなのかもしれませんし。

山崎　働き方の変化はあった？

柳澤　これは、一五年間でずいぶん変わりましたね。まず、会社が大きくなったので、入ってくる人の質が変わって、事業も変わって…。たとえば、三年前にゲーム事業に参入して、それが嫌で辞めた人もいるし、新たに入ってきた人もいるし。あとは、会社が大きくなってきて、社員の労働時間はだいぶ短縮したんじゃないかな。土日は、ほとんど人がいないし。昔はけっこう徹夜もあったけれど、今はあんまりないですね。そういう意味では、組織としては普通っぽくなってきたんでしょうね。

山崎　それは喜ばしいことなのか、寂しいことなのか。

柳澤　組織の変遷として自然なこと、僕としては、それぞれの価値観でいいと思っています。本人がどうしたいかを重視してやってきたので、働き方の裁量はそれぞれに任せています。社員が一〇人ぐらいの時から、九時五時でしか働きたくないですという人がいて、ずっとマシンのように正確に九時から五時まで働いて引き上げる。五時以降はメールも見ない。そんな社員もいます。

会社は大きくしないといけないと気づいた

山崎　会社を大きくしようと三人がみんなでほぼ同時に思い始めたのは、何年ごろの話ですか？

柳澤　二〇〇七年ですね。

山崎　会社を立ち上げて九年目ぐらいですね。何か理由があったんですか？

柳澤　何でそのタイミングだったかというと、それまでは、会社というものは何なのかという一つの実験を繰り返していたわけですけど、そこまできて、会社は大きくしていく過程で成長して、いろいろなものが磨かれていくんだということに気づいたと思うんです。経営の面白さに目覚めたのでしょうね。

正直、好きなことをやって、好きな仲間と食っていくのは、このインターネットの業界では意外とできてしまう。それはそれで面白いのですが、僕らは新しいチャレンジをしようと。あわせて事業形態も変わってきました。それまでは六〜八割くらいがクライアントワーク、いわゆる頼まれてやる仕事をしてきました。

今は自社サービスと受託を七対三ぐらいの比率にまで持ってきました。一つ事業が当たって、二〇一一年に「じゃあ、ここだ」というタイミングで増資をして。そこから一気に人を増やした。その時、もともと一〇〇人ちょっとの社員でやってきたところに、新卒を五五人採ったんですよ。現場は混乱するし、生産性はがくんと落ちて一時は大変だったんですけど、今はそのメンバーがみんな戦力化して、良くなってきました。そういう失敗だったりいろいろな変遷を経てきた感じですね。

山崎　「会社は組織を大きくしないといけないと気づいた」とのことですが、何のために大きくしなければならないんでしょうか。

柳澤　難しい問いですが、学校みたいなところだったら大きくなる必要はないかもしれません。毎年、新入生が入って卒業生が出る。一定の利益と寄付で成り立てばいい。

一方で株式会社の仕組みとしては、必ず投資家がいる。株主にはいろいろな思惑があるのでしょうけど、たいていは人から預かって増やすことを求められるので、会社側は投資してもらったお金を増やして返さなければならない。それに増えた社員が一人ひとりに給料をあげる必要もある。会社の収益がどれだけ伸びているかが、社員の幸福度を測る要因の一つになる。だからどんな企業も、来年は今年より大きくなる。もちろん、時にはそれが利益だけでなくてもいいとは思います。去年の自分より何か成長するということでも。ただ、経営者としては、会社を大きくしていくチャレンジを避ければ、経営者を交代しようという話になってくるということに気がついたわけです。

山崎　外からの資本を入れて回していく株式会社でなければ、人数を増やさなくても、それぞれが稼げる単価を上げていくという成長の仕方もありますね。

柳澤　それでもいいと思います。

山崎　ちょうど僕が悩んでいるのがこの辺で、さきほど柳澤さんたちは事業を楽しむところから、経営を楽しむところへフェーズが切り替わったという話がありました。けれども、やっぱり最初に独立して事務所を立ち上げた時は事業が楽しいので、仲間と好きなことをやっていたいと思って試行錯誤するわけですね。そういう時は、人数を増やすことへのモチベーションは高くないですね。人間関係も含めて、面倒臭いことが増えるから。ある限られたスケールのなかで面白い事業をどんどん生み出していく方が楽しい。

だんだん面白い事業が実現するにつれ、今度は個人の単価を上げて行って、入ってくるお金を増やしていく。一人あたりが手にする報酬が増えるので、これもさほど問題はない。そのうち、面白そうだけど大規模なプロジェクトが出てきたりして悩むことになる。ある程度の人数が必要になるわけです。何とか人数を増やさずにいけないかなと模索してみたり、それは限界かなと思ってみたり。僕自身がそういうところで悩んでいるので、すごく今の話は興味深い。

柳澤　いろいろな組織があるので、株式会社でなくてもいいとは思います。ただ、なぜ大きくするんですかという問いは、登山家がなぜ山を登るのかという問いに似ている。答えは、そこに山があるからと。経営者にとっても会社を大きくするのは、そのような類いのことかもしれません。

もちろん、大きくする過程で矛盾が出てくるんですよね。事業が面白くて始めたはずなのに、組織づくりみたいなところにエネルギーを注がなくてはならなくなって。どうやったら大きくしながら面白さも維持していけるか、難しいチャレンジですね。矛盾と闘って、その先に成長がある感じだと思います。

経営理念は「バージョン４」に更新中

山崎　お聞きしていると、数値化と可視化の仕組みを、ものすごく緻密に行っていますね。面白法人って看板に掲げているから面白くなきゃいけないけど、でも面白いだけじゃダメだよねという矛盾と試行錯誤。両立させようと思うと、数値化も含めていろいろなことを考えていく必要があるということなんでしょうね。

柳澤　面白法人と掲げているのに、どれだけ面白い話をするんだろうと期待していたら、全然面白い話をしないって（笑）。

山崎　面白法人カヤックの柳澤さんは、漫才師のように楽しそうにしゃべるのかと思ったら、意外や意外。淡々と面白いこと実行する。ロジカルな面白さですね。

柳澤　そうはいっても、出発点が直感なので。直感を無理やりロジカルにしているのかもしれません。

Q――ホームページには経営理念に「つくる人を増やす」「社会貢献」というキーワードがありました

柳澤　「つくる人を増やす」というのは、いろいろな解釈をしていい、と社内で言っています。僕は、主体性を持つというか、何かをつくっている、自分が会社をつくっている一員になるんだという気概の人を一人でも増やすことが、楽しくなることを増やすことだろうと思っているんです。つくる人といっても、必ずしも、皆がクリエイターじゃなくてもいいんですよ。

山崎　「つくる」と平仮名で開いた方がいいわけですね。漢字の「作る」だけじゃない。

柳澤　もっと、したいことにコミットしている感じ。「私はこれがしたい！」と主体性を持って働く人を増やすという。

山崎　経営理念は、途中で変えたくなったりしないんですか。

柳澤　これ、バージョン4ぐらいです（笑）。

山崎　会社が大きくなって、株主が入ってとなると、いろいろなことが変わってきますよね。

柳澤　時代によって表現も変わってくるから。表現が古くなると伝わらないんです。僕はむしろ、経営理念は常に更新していかなきゃダメだと思っています。やっぱり、人に使ってもらえないと意味がないから。

山崎　そうですね。形骸化しちゃいますよね。

オープンでハードな職能集団

Q――新事業として取り組みたいことはありますか

柳澤　創業から一五年のなかで、面白法人という組織が、人から面白い！と言われるためにといろいろなことを仕掛けてきたのですが、今はむしろ事業を整理して絞り込み、そこを強くしていくことを一生懸命やっている時期なので、新事業をいろいろ仕掛けていくフェーズではないんです。

投資家の目線からすれば、いろいろなことに手を出す会社は信用ならない。どこかに的を絞っていくことが大事になりますね。僕ら経営陣も、今はある程度整理して、コアな事業に絞っていくことを楽しく感じている時期なんです。二〇一三年に入ってから、いろいろなサービスを三個ぐらい売却しましたし。整理をしていった結果、今はゲーム、漫画、アニメに力を入れているところです。

Q――経営者と社員で、自由と責任についての考え方に、重みの違いはありますか

柳澤　答えになっているかどうかわかりませんが、各自の主体性や多様性を尊重する会社なので、「〇〇をやってはいけない」という縛りはありません。でも、それ以外は自由がいいのだと思います。

ただ、なんといっても職種をウェブクリエイターに絞った職能集団。ぎりぎりのところで勝敗を争うスポーツみたいに、技能でしのぎを削っているところはあるので、すごく厳しい集団だと思うんです。報酬もみんなからの総合評価で決まるわけだから。だから、入社して三カ月で合わない人は退職金をもらって辞めて

いくことになっているわけですね。その環境のなかで、お互いに本音をオープンにぶつけあっていく。みんなが「そういうものだ」と受け入れているから、ギスギスしないいんじゃないでしょうか。

山崎　オープンかつハードな職能集団ですね。

柳澤　ある意味、本音でぶつからないと許されない組織なので、それが苦しくなる人もけっこういる。でも、その苦しくなることだって否定しないし、それがその人なんだから、それでいいわけで。カヤックは厳しいけれども、そのカヤックが正しいわけでもない。全ては自分でどうしたいかにかかっている。しかもそれは、別に、責任とセットとしての自由じゃなくてね。

山崎　本当に面白いことばかりやってしまって、どう見たってこのプロジェクトうまくいかなそうだなと思うことでも立ち上げて、結局ダメでした、ということもあったりしますよね？

柳澤　ありますね。

山崎　面白いことを選りすぐってどんどんやろうという自由を保ちつつも、仮に売上げが下がったとしてもみんなで相互評価しながら事業を進めているのでみんなもその結果に責任を持とう、ということなんですね。

柳澤　そういうことなんでしょうね。言語化してくれて、ありがとうございます（笑）。

山崎　ただし、経営という面からいうと投資してくれている人がいるので、その人たちに対する責任を負わなきゃいけない経営陣については、自由と責任のバランスを深く考えねばならないんでしょうね。

柳澤　だから誰か特定の人が、この業務でこの仕事の責任を取るというような、犯人探しはされない。全員が自分の責任と捉える。それぞれに「主体性」があるのが前提の会社だから。

でも、株式会社の仕組みは、投資家がいて、しっかりとした規定があって、何が起きている時は誰の責任だということを全部、文書化して明確にしろということですよね。僕らはそれがなかなかやりづらい組織なんだろうと思います。ある意味、みんながリーダーなんです。みんなが、みんなで責任を。共同代表が三人いて、何か起こったら、三人のせいですという話なので。

直感が生んだロジカルな仕組み「サイコロ給」

Q――直感をロジカルに変えていくことが事業で活かされた体験があったら教えてください

柳澤　失敗事例しか思い浮かばない(笑)。ああ、直感を制度に落とし込んだ事例といえば、創業期からやっている仕組みに「サイコロ給」があります。毎月サイコロを振って給料を決める社内の恒例行事で、「基本給×(サイコロの出目)%」が+αとして給与に付加されるというものです。もともとは友達同士で会社を始めたので、「将来、絶対お金でもめるよ」といろいろな方からアドバイスをいただいて。もめてもよかったんですけれど、それなら最後のところは、サイコロを振って給料を決めるぐらいでいいんじゃないかと発想して。

たとえばサイコロの目で六が出たら、「基本給×六%」を手当として支給する。これは直感的に、給与の仕組みとして今まで誰もやったことがないし、面白いんじゃないかと。そこから論理的に裏付けをしていくと、人が人を厳密に評価するのは難しい部分もあるから、そういうファジーな要素があることは、意外と重要なんじゃないかなということで発信をしたところ、単に面白さだけでなく、ちゃんとロジカルに説明できるいい仕組みだなということで、この制度は今でも続いています。会社のアイデンティティの一つにもなっています。直感的に面白いと思ってダメになることもあるんだけど、論理的に落とし込んでみんなでシェアできるものは長く残るんだなと思いました。

山崎　デザイナーの仕事もやっぱり初めは直感なんですよ。たとえばペットボトルのデザインを発注されたら、即座にいろいろなデザインが思い浮かぶ。しかし、それをクライアントに説明しなきゃいけないんですよね。なぜそのデザインが必要なのかということを説明しなきゃならない。直感で感じていたおぼろげなイメージを論理的に説明できるようにしなければ伝わらないのですが、そこがなかなか難しい。難しいけど、そこをちゃんとクリアしないと「君にデザインを頼むよ」と言ってもらえないところがあって。

だから、直感を論理に組み替えて説明し、まず論理的に納得してもらったうえで、論理を超えた美しさがなければデザイナーの仕事は続けていけない。直感と論理を行き来しながら進めていく作業だと言えますね。

「直感」と「論理的思考」のバランス感覚

柳澤　コミュニティデザインでもそうですか？

山崎　そうですね。僕は今、「コミュニティと一緒に何かをデザインしていく」というスタイルを「ものをつくらないデザイン」という風に言っていますが、その現場でもやっぱり一緒なんです。プロジェクトとして、直感的に「これ面白くなりそうだな」とか、「地域の人たちが盛り上がりそうだな」「活動が続きそうだな」という直感を得ることがあります。これは大事にしたいと思っています。

でも、それをどういうふうに説明するかがけっこう大事で、そこがうまく説明できないとコミュニティのみんなが「やろう！」と思ってくれない。実際にやってみれば、楽しくて面白いことは実感できるんでしょうけどね。やる前に直感で感じた価値をどうやってコミュニティの方々に伝えるのか。ここは毎回、試行錯誤しています。「やれば儲かるからやりましょう」はわかりやすい説得方法なのですが、地域の活動は別に儲けを目指しているわけじゃない。「仕事じゃないんだから、儲けのために活動したくない」と言われてしまう。その意味では、直感から始まって、論理的に整理して、最後には実感してもらうという流れがあります。柳澤さんのお仕事と近いのかもしれませんね。

柳澤　一方で、ビジネスをする相手が直感派だと、直感的に面白くないものをいくらロジカルに説明しても通らないですよね。だから、両方が揃ってないと、たぶんだめなんでしょう。

山崎　そう思いますね。お話を伺っていると、そこのバランスをどう取っていくのかを、カヤックさんのなかでは何度も何度も精査してきているんだなという気がしますね。

柳澤　それが、一五年間いい形で会社が続いてきた秘訣かもしれません。

山崎　きっと、論理的な説明だったり数値的な裏付けだったりを周到に準備しつつ、直感的な楽しさを減じないようにビジネスを進めてこられたんでしょうね。

Q——経営や経済の合理性だけじゃない面白さが大事だという話を詳しく聞かせてください

柳澤　企業は、経済合理性だけを突き詰める存在であってもいいとは思うんですけど、同時に世のなかで力を持ちすぎている側面もあるともいえます。だから社会的責任もあって、経済合理性だけじゃない部分までフォローしていかないと、あまりよい方向に向かわなくなるんじゃないかなということです。

山崎　経済合理性だけを追求しようと思えば、できることはいくつかあるだろうと思いますし、それが大きな力を持つこともあるだろうと思います。でも、それだけじゃない価値を社会に還元していかなければ、企業の価値自体が早晩減じてしまうような気がします。

柳澤　だからそこはうまく責任を持ってやっていきたいところですかね。

山崎　ロバート・ケネディの大統領選挙での演説で、GNPに含まれる数値のなかには、戦争で使われる武器の売り上げだったり、大気汚染の原因となるような工場での製造物や健康を害するタバコの広告費、高速道路での多数の事故死者のための保険金が含まれている、と。一方で、仲間とピクニックに行って楽しむ時の時間だったり、詩をつくったり絵を見て感動したりすることの価値はGNPに含まれていない。つまり、およそ「豊かな人生」をイメージさせるような状況はGNPに含まれていないことになる。幸せは経済合理性だけで説明できるものではない。詳しくは忘れましたが、そんな感じのことを言っていたはずです。ケネディの言葉を引き合いに出したからといって、経済合理性が必要ないというつもりはないんですけれども。

柳澤　どっちか一方じゃだめで、常にバランスは必要ということに尽きますね。

（二〇一三年一二月一七日）

REVIEW
5
個人の面白さと会社の面白さの両立

メールや Facebook で面白いことを語る人がいる。そういう人は面白そうな顔をして文章を書いているのだろうか、と考えたことがある。「道路の端に草が生えてました。天ぷらにして食べてみます（笑）」と Facebook でつぶやいている人は、ニコニコ笑いながら文章を入力しているのだろうか。きっと、無表情で「（笑）」等と書き込んでいるだろう。柳澤さんの話を聞きながらそのことを思い出した。面白法人カヤックの事業は面白い。組織の運営や会社の経営も面白い。ユニークだ。しかし柳澤さんはそれを淡々と語る。内容が直感的に面白そうだと思えるものばかりだから、逆にそれを論理的に説明しようとしているかのようだ。

感覚的なことと理論的なことのバランスは多くの分野で重要になるだろう。コミュニティデザインの現場でも大切である。地域で活動するコミュニティは、理論的なことばかり語っていると楽しくないのでメンバーが減ってしまう。一方、感覚的に楽しいと思えるものだけを追うとやりがいが見つけられなくなってメンバーが減ってしまう。地域におけるコミュニティ活動は仕事ではないため、感覚と理論のバランスが取れていないとすぐに人が減っていく。その点は会社よりシビアだ。自分たちがどれだけいいことをやっているのかを語り続けても、「いいことやってるんだけどダサいよね」となりかねない。オシャレに楽しく活動していても、いつか「これって何のためにやってたんだっけ」という話になる。だからワークショップのプログラムを考える場合、感覚と理論のバランスを考えながら組み立てることが重要になる。

往々にして、地域においても会社においても、男性は理論的な話が得意である。逆に女性は感覚的な話が好きだ。これまでの教育では、どうしても理論的な側面が重視されてきた。この側面は偏差値で測ることができるし、点数をつけやすい。しかし、コミュニティデザインの現場では感覚的な側面もまた重要になる。この側面になると断然女性が力を発揮する。studio-L のプロジェクトリーダーに女性が多いのは、この側面に長けた人が多いからだろう。理性と感性のバランスがいい。「正しい」と「楽しい」をうまく組み合わせる。この点はいつも見習いたいと思っている。

会社もまた一つのコミュニティである以上、同様のバランスが求められるはずだ。カヤックの場合、事業内容にも組織運営にも感覚的な楽しさと理論的な緻密さが含まれている。そのバランスが絶妙だ。ただ、話を聞いていて感じたのは、会社全体としてそれを考えるだけでなく、究極的には各人が両者をバランスさせる力を持つことが重要だということである。自分のなかで仕事の楽しみと意義をバランスさせ、組織運営における楽しみと意義をバランスさせる。こういう力を持った人たちが多く集まる組織こそが、自由と責任をバランスさせ、感覚と理論を行き来しながら面白い仕事を生み出し続けるのだろう。

そう考えると、コミュニティデザインの現場で住民一人ひとりに意識してもらいたいことも明確になる。自由と責任、感覚と理論、楽しさと正しさのバランスをどうやって伝えていくか。まだまだワークショップの方法等を改善できるはずだ。

逆に言えば、それさえ伝われば活動から去る人が何人いても構わないことになる。去った人がまた別のどこかで、バランスを取りながら新たな活動を起こしてくれればいいわけだ。カヤックを辞めた人がたくさんいることを柳澤さんが堂々と話すように、僕たちがお手伝いするワークショップを経験した後、そのまちのどこかで活動し始める人が増えることを肯定的に捉えたいものだ。同様に、studio-Lというコミュニティもまた、卒業した人が別の場所で活躍することを喜ぶような共同体でありたい。

（山崎亮）

CONVERSATION

6

育つこと、育てること

大南信也

NPO法人グリーンバレー理事長

おおみなみ しんや／1953年徳島県神山町生まれ。米国スタンフォード大学大学院修了。「神山アーティスト・イン・レジデンス」や「神山塾」開設による人材育成、IT企業のサテライトオフィス誘致を推進。的確な目標に向かって過疎化を進め、人口構成の健全化を目指す「創造的過疎」を持論に活動中

過疎の町、「奇跡の人口増」のきっかけ

大南　私らの住む神山町は、徳島県の山のなかなんですが、田舎の町なのにＩＴベンチャー企業のサテライトオフィスが一〇社ぐらい入ってきたということもあって、最近ちょっと有名になってきたところもあるんです。

山崎　今や中山間地域で活動するコミュニティの期待の星ですね。過疎を逆手に取った戦略で次々と興味深いプロジェクトを生み出している。今日はそんな大南さんの活動と働き方について話を聞いてみたいと思います。

大南　全国の例に漏れず、私らのところも過疎化がすごい勢いで進んでいるんです。神山町が村の合併でできた一九五五年当時、二万一千人ぐらいだった人口が、今は六一〇〇人ぐらいにまで激減しています。ただ、町に入ってくる人よりも町から出ていく人の方が多い状態も続いていたんですが、二〇一一年度には、転入する人が転出する人をわずか一二人でしたが上回りました。そのことで、全国の過疎化で悩む自治体の人たちから注目され

大粟山から見た神山町全景

神山バレー・サテライトオフィス・コンプレックス

ています。

山崎　神山町も過疎化に悩んでいる。それなのに、転出と転入を足してみると一二人増えたことになっているんですね。

大南　人口には自然動態と社会動態と二つあって、自然動態、つまり生まれる人の人数から亡くなる人の人数を引いた数は、やはり高齢者が圧倒的に多い過疎の町なのでマイナスが続いています。亡くなられる人が年間一五〇人ぐらいいて、生まれてくる人が二〇人ぐらいですから、毎年マイナス一三〇人という感じです。それに加えて、社会動態、町へ入ってくる人の数からよそへ出て行く人の数を引いた数ですね、それがやはりマイナス一〇〇人ぐらい。両方合わせると、少なくとも二百何十人という単位で毎年人口が減っていたことになります。でも、今は社会動態の方がプラスに転じたので、減少する人口は年間一〇〇人少しぐらいにまでブレーキが利いてきたということです。

山崎　過疎の町にＩＴ業の人が引っ越してくるというのは、興味深いですね。

大南　地域で産業らしい産業といえば、道路等の工事を請け負う

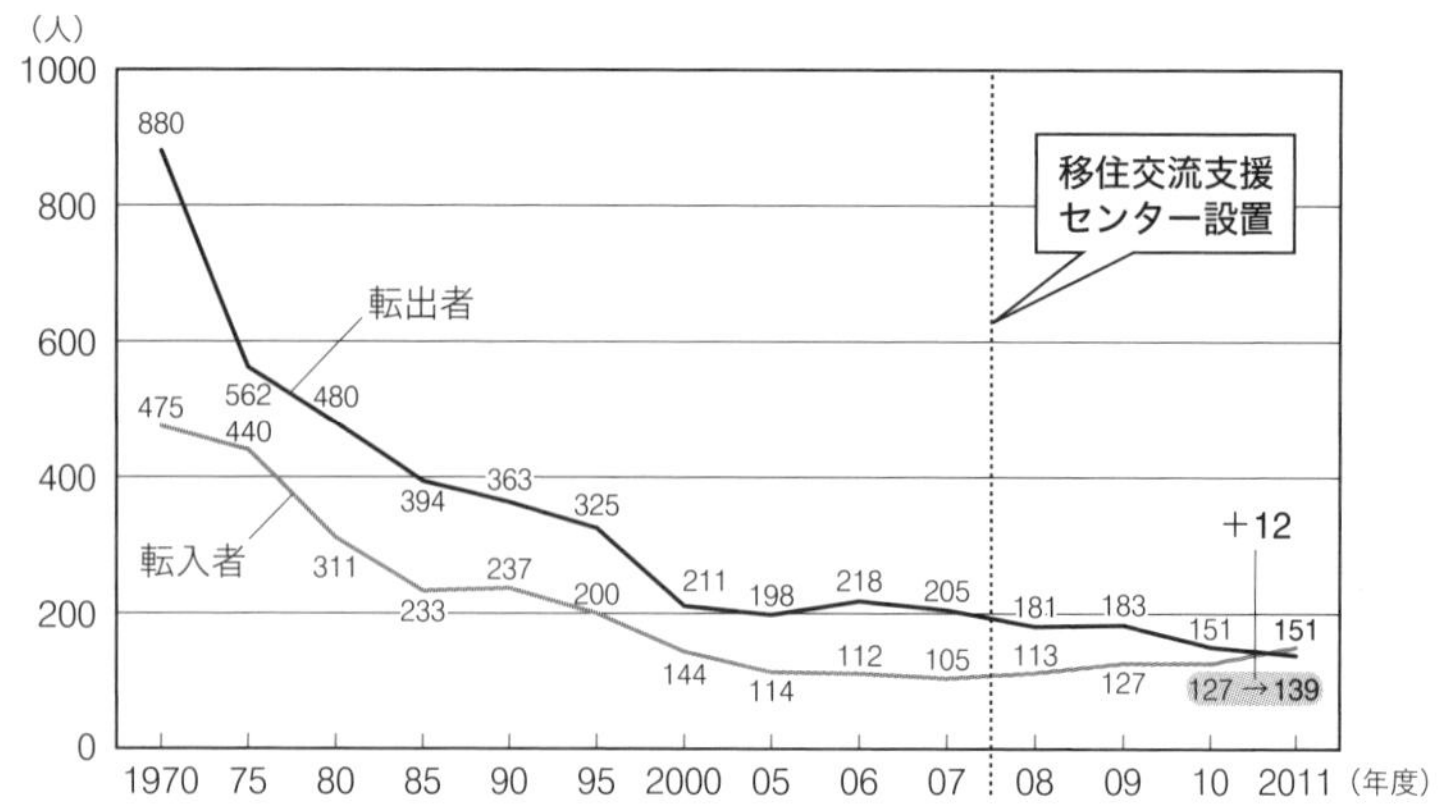

神山町の人口動態グラフ

建設業。私自身も、アメリカで大学院を出てから神山に戻り、家業を継いで建設業を続けてきました。山の上の集落の人たちは、道路の計画ができて道路がつながると目をキラキラ輝かせて、「これで便利になったから、ここで生活ができる」と大喜び。それなのに、毎年引っ越しする人が続々と出てきたんですね。七〜八年たつと、一〇戸あった集落が一戸か二戸に。残ったのも独居老人か老夫婦だけ、という状態になりました。

私は自分のやってきたことって何なのかと思いましたね。私たちは本来、過疎を食い止めるために道路をつくってきたのに、結果的には、不便が解消されて便利になると、引っ越しにも便利ということになり、ますます過疎が進行していく。それはどうなのかなと。自分自身は公共工事でメシを食ってはきましたが、むしろ公共工事に頼らんような町のあり方があるんじゃないかと考えるようになりました。それで、私の仕事のウェイトは、だんだんと地域づくりの活動の方に移っていった感じなんです。

山崎　アメリカの大学院では、何を学ばれていたんですか？

大南　やっぱり建設の関係ですね。マネジメントとか、建設の材料学みたいなものです。

山崎　道路をつくるとか、町を便利にすることでは過疎を食い止められない、

アリス人形の里帰り（1991）

アメリカ留学時代の大南氏（前列右側、1979）

むしろ逆効果なんじゃないかと気づかれて、大南さんが最初に始められたことはどんなことですか？

大南　一九九一年に行った、日米交流事業です。昔、戦争の影響で世界恐慌がおこり、政治的緊張が高まってアメリカと日本の関係が悪くなった時代に、日本の子どもたちに「青い目の人形」というのがアメリカから贈られた。二七年に一万二七三九体がアメリカから日本に、はるばる船に乗ってやって来たわけです。珍しい人形なので贈られてきた時は大歓迎されました。

ところが四一年に太平洋戦争が始まって、今度は逆に、敵国から来た人形だから壊してしまえといったキャンペーンの対象になってしまいました。ほとんどの人形が壊され、全国に残ったのが三〇〇体ぐらい。そのうちの一体が私の母校である神領小学校に残っておったわけです。私が久しぶりにＰＴＡの関係で小学校を訪れると、廊下に人形が飾ってあった。校長先生にいろいろ見せてもらっていたら、その人形がパスポートを持っているというんです。アリスちゃんという人形で、そのパスポートにホームタウンは〈アメリカ・ペンシルベニア州のウィルキンスバーク市〉と書かれておった。

その当時からさかのぼって六三年前に送られて来た人形なので、もし一〇歳の女の子が贈ってくれたとしたら、七三歳。その人はまだ生きておられるかもわからんなという思いがあり、ウィルキンスバーク市の市長さん宛てに手紙を書き、贈り主を捜してほしいという依頼をしたんです。半年ぐらいして「見つかりました」と返事がきました。それなら六四年ぶりにこの人形を一度、アメリカに里帰りさせてあげようということになったんですよ。そこでＰＴＡや住民の有志が立ち上がり、子どもたちの代表も一〇人ぐらい連れて、三〇人でこの人形をアメリカまで連れ帰ったのが、僕が関わった初めての地域活動ですね。

仲間との小さな成功体験

山崎　そのあとはどんなことをされたんですか。

大南　人形で一つきっかけができたから、この人形を深掘りしていったら、たぶんその向こう側に何か町をワクワクさせてくれるようなことが眠っておるに違いない、と思いました。そこで、人形のことでいろいろ仕掛けていったんですが、二年たっても三年たっても、あまり変化が生まれんわけですね。やっぱりうちの町はだめなんかな、こんな地域づくりみたいなことをやっても何も起こらんのかな、と思っていました。

そんな折、九七年に徳島県が新長期計画という、一〇年の計画を立てました。その一環で神山に国際文化村をつくるというプロジェクトの構想が新聞に載りました。その新聞記事を見た時に、これから一〇年後、二〇年後を考えたら、国や県のプランでつくった施設でも、必ず住民自身が管理運営するような時代が来るだろう、と私自身は思ったんです。そうだとすれば、立ち上げ段階から自分たちの思いを込めてつくらんかったら、うまく運営できるはずがないと。だから県から与えられるのではなくて、逆に自分たちは住民として、こういう国際文化村がふさわしいと思うということを県に提案していこうと動き始めました。

山崎　九七年の時点でその動きは早いですね。住民参加型で計画をつくる動きは二〇〇〇年以降に活発化して、全国的にスタンダードになっていきましたが、九七年の段階ですでに仕掛けていたんですね。

大南　ものの見方がその時点で変わったんです。今までは、イベントやプロジェクトを一生懸命やっておれば、その向こう側に何かが見えてくるという発想でした。「フォアキャスティング」って言うんかな。過去の積み上げに基づいてプロジェクトを構想していく。ところが、この国際文化村を考えるにあたっては、将来こういう姿になるはずだから、そこから逆算して現在までおろしていく。今、何をやっておかんといかんのかを考えようと、「バックキャスティング」の考え方に変わった。そのあたりはけっこう大きいと思います。

山崎 夢を描くことからスタートする考え方に変わったと。住民の方も同じような考え方だったんですか？

大南 いいえ。

山崎 個人的にそう変わった感じですか？

大南 人形をアメリカに里帰りさせた時に、五人ぐらい、一緒に主導的に動いてくれた人間がいました。成功体験を共有する仲間がいるというのは大切やと思うんです。一九九一年の青い目の人形の里帰りの時に、その一つの塊が一個できたということです。人形を里帰りさせた時みたいに、ああいう高揚感が持てることを次もまたやってみようよ、と。成功体験を共有しているのでわりと同じ気持ちになりやすい。

山崎 そのメンバーのなかでは、バックキャスティング的な考え方が共有されていた。国際文化村の計画をつくるなかで、次にどんなことが起きていったんですか。

大南 結果的には、じゃあ国際芸術家村をつくろうという話になりました。町を変えるために、たとえば工場を連れてくるという企業誘致の話であれば、民間の、住民だけの力では予算も補助金もないからたぶん難しいだろうと。でも芸術家は人間なので、その人たちに来てもらうことによって、自分たちも一緒に加わって、何か新しいものを創り上げていくことなら自分たちの手でもなんとかなりそうだから、進めていこうかという方向に動いたわけです。

山崎 「アーティスト・イン・レジデンス」というやつですね。

大南　はい。九九年に始めました。今では、全国的にアートで町おこしというのが流行っていますよね。ほとんどのところは観光客を呼び込もうというモデルで、アートのプログラムを行っている。

ところが、神山の場合は、住民が始めたプログラムなので、アートをきちんと勉強した人間はいないんです。みんな素人で、予算もあまりないから、観光客を呼び寄せられるほど有名な人に来てもらうのは無理だろうと。だとすれば、観光客ではなく、アーティストにターゲットを当てようと考えました。自分たちの手ではアートの価値を高めることはできんだろうけども、努力によっては、滞在するアーティストの方々の満足度は高められるんじゃないかという発想に立ちました。

欧米のアーティストたちが日本に制作に行くんだったら神山だよね、と呼ばれるような場所をつくろうと。その視点で神山を磨いていったんですね。実際に滞在したアーティストたちから「よかった」という声が口コミで

アーティスト・イン・レジデンス KAIR ツアー（2004年）

伝わり、いろいろなアーティストが自ら望んで神山にやって来るという循環が生まれていきました。

Q（会場）――アーティスト・イン・レジデンスを始めた時、アートに何を期待されたのでしょうか

大南　芸術家が町にやってきて、一緒に何かを創り上げるというのはなにより楽しいんじゃないの、というところが出発点ですね。

山崎　楽しそうだなという予感はあったんですか？

大南　それはありました。

山崎　まじめな施策というよりは、アーティストが来てどんな面白いことをしてくれるかなという期待感や、知り合いにアーティストがいるとワクワクするといった楽しさ。そして、アーティストを個人的なつながりで呼んでくることだったら、行政や大企業じゃなくてもできそうだという感覚。この二つですかね。

大南　そうですね。最近、「神山においてアーティスト・イン・レジデンスの使命はもう終わったんじゃないですか」と質問される人もいます。アートの活動が起点になって、移住者が増えてきた。サテライトオフィスとして企業まで入ってくるようになった。起爆剤としてのアートの役割は終わったんじゃないですかと。でも、もともとアートに使命や役割を持たせて始めたことではありません、と答えています。アーティストが町に入ってきて、自分たち住民と一緒に何かを創りあげていく体験をしてみたい、というところから生まれた話です。ワーク・イン・レジデンスの方も一緒です。世界のいろいろなITのベンチャーの方々が来たら面白そうだし、楽しそうだと直感的に思いますよね。何かわからんけどうごめいているようなところか

ら面白いもんは生まれてくるように思いませんか？

山崎　本当にそうですね。

大南　最初からアートに使命を与えるような、形から入るのが嫌なんです。形から入れば、必ず形にとらわれるので、発想がそこで制限を受ける。むしろ、混沌としたもののなかから何かが生まれてきたらいいよねということで、あまり過大に期待もせずに、ただ何かそのあたりを続けていくという姿勢でいます。すると、何か偶然、ポッと新しいものが生まれることもあるんじゃないかと思います。

地元に雇用がないのなら、仕事を持った人に移住してもらおう

山崎　アーティスト・イン・レジデンスは今でも続いているんですね？

大南　今年（二〇一四年）で一六回目。

山崎　その後もまだいろいろ仕掛けていますね。

大南　アーティスト・イン・レジデンスの活動を七年、八年と続けたあとで、これを少しビジネス展開していこうということになりました。それなら、もう少しきちんとした情報発信の仕組みがいるだろうと、「イン神山」というウェブサイトをつくったんですね。その時に、リビングワールドの代表でプランニングディレクターの西村佳哲さんに手伝っていただきました。

山崎　働き方研究家として知られている方ですね。

大南　そうです。思惑としては、アートでビジネスを起こしていくから、アートの記事をきちんとつくり込んでいこうと始めたわけですが、結果的に二〇〇八年にこのサイトが公開されたら、一番よく読まれる記事

はアートの記事じゃなかった。何が読まれたかといったら、「神山で暮らす」というコンテンツでした。

山崎　生活ですね。

大南　そう。神山の古民家情報で「この家が二万円で借りられますよ」という情報へのアクセスが多く、他のコンテンツの五倍から一〇倍ぐらい読まれていました。そこから、今までIターンの人がほぼいなかった神山に、Iターンの需要があるということがわかってきました。

その時に西村さんが、「田舎へ行ったら雇用がないと必ず言われますが、それだったら、最初からアーティストのように仕事を持った人に移住してきてもらえれば、この問題は解決するん

→ English Home
in Kamiyama
イン神山
四国徳島　神山町　くらし・アート・人々
イン神山とは？
サイト内を検索
神山写真帖　神山日記帳　神山でアート　神山で暮らす　イベントあれこれ
神山で暮らす
川の畔の「お試しハウス」
サテライトオフィスや移住のためのお試し居住。最長2週間までの滞在が可能です。申し込み受付中！
（↑　写真のほぼ中央に見えるのが「お試しハウス」…
2012-05-24 | 移住支援センター
超レア！土蔵づくりの元造り酒屋
「カフェ&ビストロ」の計画が進められています。乞うご期待！
神山町の中心地、寄井町の中心街という好立地のため…
2011-06-06 | 移住支援センター
せせらぎの音とマイナスイオンに囲まれ…
戦後の神山町で、林業で栄え一番隆盛を誇っていたの…
2011-02-23 | 移住支援センター | コメント数（1）
こぢんまりとした暮らし
平成23年3月より、画家のKさん（大阪府）が移住しました。
山も川もすぐそこ！風光明媚な神山の中でも、特に美…
2011-02-23 | 移住支援センター
長屋の一角で「起業」！
平成22年10月より、『ブルーベアーオフィス神山』としてオープン。常時クリエイターが滞在中しています。
田舎暮らしをしてみたい方へ。
元気な地域活動があり、海外から毎年アーティストが訪れて作品をつくっている、清流の流れる田舎町に興味はありませんか？
神山町移住交流支援センターが、田舎暮らしに適した古民家、不動産のおすすめ物件を紹介します。
お知らせ
グリーンバレーでは「ワーク・イン・レジデンス」という規格を実施中。神山が求める働き手や起業家を、（グリーンバレーが借り上げた）家・土地付きで公募します。詳細は下記「記事のシリーズ」の「ワーク・イン・レジデンス」をご覧ください。
→ 神山で暮らすの物件案内について（重要）
→ お問い合わせ、お申し込み方法
→ 探しています
貸します (1)

「神山で暮らす」ウェブサイト（www.in-kamiyama.jp/living//）

じゃないですか」と提案され、今度は「ワーク・イン・レジデンス」という企画をこのサイトのなかに入れました。

こうして、将来、自分たちの町に必要になると思われるような働き手や起業家をピンポイントで逆指名しようという方法をそのなかに折り込むわけです。そこから、いろいろな変化が起こってきましたね。

ワーク・イン・レジデンス

山崎 その時点ではまだ、冒頭におっしゃったようなサテライトオフィスという感じではなくて、もともと仕事を持っている方で、神山に来て住民になってもらえる人たちを入れていきたいと思ったわけですね。サイトがオープンしたのが二〇〇八年で、実際に仕事つきで入ってきてくれる人たちが出てきたのは、いつごろからですか？

大南 もう公開してすぐの段階から、パン屋さんが入ってきたりだとか、いろいろな動きが出てきた。

山崎 それがサテライトオフィスという方向性につながったきっかけは？

大南 当時ニューヨークに住んでいた建築家の坂東幸輔さんが神山にやって来たんです。リーマンショックで仕事がなくなり、『イン神山』のサイトを見たら二万円でオフィスが借りられると書いてあった。それなら、ニューヨークを引き払って神山で暮らしてみたい」と一度来てくれて。でも私は、君ほどの実力を持つ人間には神山にはまだその力を発揮してもらえるものがないから、もう一回ニューヨークに帰って頑張ったらって、お引き取りを願ったわけですね。

その後、出身校である東京芸大の建築科の教育研究助手になって帰ってくるという話が持ち上がったので、じゃあ一つ、「ワーク・イン・レジデンス」という計画のなかで、ここにクリエイターの人たちを入れたいから、空き家になっている長屋の改修を手伝ってよと声をかけ、手伝ってもらうことになりました。さらに、坂東さんのニューヨーク時代の友人である建築家の須磨一清さんも加わってくれることになりました。

「今、神山という場所で長屋をオフィスに変えるプロジェクトをやっている。それでもって神山には自然がいっぱいある。しかも各家庭に光ファイバーが引き込まれておって、ネットの速度がめちゃくちゃ速い――」。

そんな須磨さんの話を、大学時代の同期でシリコンバレーでの滞在経験もあるＩＴベンチャーの寺田親弘社長が耳にするわけです。寺田社長は、「そこは俺がシリコンバレー以来、ずっと探してきた場所に違いない」と見に来て、ほぼ即断即決。一カ月も経たない間に開発チームの人たちが三人やってきて仕事を始めたというのが、神山町サテライトオフィスのスタートです。

山崎　その後、大きな建物も改修したり、新しい建物をつくったりしながら、サテライトのオフィスとして使いたい人を募集しましたよね。今、サテライトオフィスとして使っている企業はどれぐらいですか。

大南　一〇社ですね。

山崎　人から人にバトンがつながり事業が創造されていく。神山町の魅力もあるでしょうが、こんな町にしたいというビジョンを持った人たちの種まきからここまで育ってきたことが、お話から伝わってきます。

Q——外の人が来ることで地元のリソースを活かした事業が生まれ町が活性化した事例はありますか

大南　たとえば一つは、地元の梅を使ったジャムの製品化があります。石油会社を脱サラした四五歳ぐらいの人が神山に入ってきたんですが、その人は石油会社に勤めておる時に、石炭の売買をしていたんです。北海道の製糖会社なんかにその石炭を納めておった関係で、石油会社の人なのに砂糖の知識を持っていた。

その人が移住してきて、ここで農業にまつわる何かがしたいと言うんです。神山はすだちも有名だけれど、梅もけっこう有名で、四国一と言われるぐらいの産地なんですね。梅は青果の状態で出荷してしまうところがほとんどなんですが、その人が梅の生産農家の人とつながって、熟した梅を集めていろいろな砂糖を使って梅ジャムみたいなものをつくろうと呼びかけたんです。それでけっこういいものができましてね。

山崎　うん、聞いているだけでおいしそうだ。

大南　今度はこの梅ジャムを入れる瓶にラベルが必要だという話になる。そのラベルのデザインは、また別の人で、神山に移住してきたデザイナーが担当しました。こんな形で何かを始めると、ほぼ全部がメードイン神山でいろいろなことが実現していく。これは、人が集まってくることの一つの力ですよね。

山崎　本当にそうですね。

大南　もう一つは、ドキュメンタリー映画の製作です。長岡《ながおか》参《まいる》さんという映像作家が神山に移住してきて、その人と五人の外国作家とが組んで「産土《うぶすな》」という映画をつくりました。私たちのNPOグリーンバレーが、ある財団法人からの助成金で立ち上げたプロジェクトで、森とともに生きる暮らし方を全国に訪ねる「探訪

上・右下：Sansan ㈱「神山ラボ」での仕事風景（提供：Sansan ㈱）
左下：フレンチレストラン、カフェ・オニヴァとカフェ・オニヴァに集う神山町の人たち

キャラバン」と称して、限界集落等を撮影して歩いて撮った作品です。二時間のフィルムにまとめあげた段階で、「じゃあ、僕がタイトルバックをつくってあげるよ」と請け負ってくれた人がいまして。その方も映像制作の大家なんです。「ドローイングアンドマニュアル」という会社のサテライトオフィスを神山に置いている菱川勢一さんです。

山崎　NHKの大河ドラマ『八重の桜』のオープニングタイトルの映像をつくった方ですね。水のしぶきがものすごいアートになっていたり、実際に大勢の人がピンクの傘を開いて桜の花が咲いていくような壮大な表現を試みたり。森のなかに長い木琴を置いて、木の玉を転がすだけでまるごと一曲演奏しちゃうすごいCM映像を監督して、カンヌ国際広告祭で金賞を取っちゃったり。スケールの大きい方ですよね。

大南　その菱川さんに、グリーンバレーを拠点に映画をつくると言ったら、じゃあつくってあげるよと。町民はそんなこととは知らずに試写会で作品を観て、みんなびっくりしとるわけ。「うわー、なんか大河ドラマ観とるみたい」って。いや、そのNHKの大河ドラマつくった本人が手がけているんですからって（笑）。

新たに、映画の予告編をつくる人も神山に入ってきています。今度はその予告屋さんがプロの目でまた作品をつくり込んでいく。いろいろな才能を寄せ集めて一つの新しいことができあがるということが、これからはけっこういろいろな局面で今まで以上に出てくるような気がしています。

山崎　まさに地域資源の結集ですね。梅のジャムもそうですし、集落の風景や生活そのものが作品やプロジェクトの資源となって形になっていく。大南さんの所に集まった人たちが相互につながって、自分たちの周りにある地域資源をうまく使いこなして大きな価値を生み出すことができる状態になっていますね。

Q——神山町と同じことを全国のあちこちでやり始めると、地域間競争になりませんか

山崎　神山町だけではなくて、いろいろな形で町おこしをやっている町や村はいっぱいあります。それぞれに、外からいろいろな人に来てほしいと呼びかけていますよね。全国が神山町みたいに外から人を呼んで同じことを始めたら、人の取り合いになっちゃうんじゃないかという懸念ですね。

全国のあらゆる自治体の方々とどうしたら町が魅力的になるか、どんな資源ならうまく活用できるかとアイデアを出し合い、対話を重ねるなかで僕が感じるのは、やる気がある地域はきっちりと成果を出していくということです。日本は少子高齢化の人口減少社会、難しい局面に入っている時代ですから、全国の集落全てを均等に活性化しますというと嘘になる。やる気がある地域は生き残っていくし、自分では動かないで「アレをしてくれ、コレをしてくれ」と要望しているだけの地域は生き残れない。

場合によっては、人の取り合いになるかもしれないけれど、やった地域がやっただけ元気になるということでよいのかもしれません。もちろん、うまく活性化のプロジェクトが立ちあがらなかった地域が厳しい状態になっていった場合は、セーフティネットとしていろいろな対策は必要かもしれません。

Q——神山町に移住した人にとって、仕事以外の面でどんなプラスの変化があったでしょうか

大南　ちょうど、神山にサテライトオフィスを置いておるウェブデザイン会社「ダンクソフト」の星野晃一郎社長が来られているんです。僕が答えるよりも、どういうふうに社員に変化があったとか、星野さんに答

えていただいた方がいいかな。僕は責任放棄です（笑）。

山崎　では、一つお願いします。

星野晃一郎　うちの会社は、実際に移住して定住しているメンバーと、移住ではなく定期的にリフレッシュをしに行くメンバーと、二つのパターンがあります。都会で生まれて都会で育った子は一度、神山に行くと「こっち（東京）に帰りたくない」と言って、だいたいは帰りに泣くんですよ。

山崎　もうこのまま神山がいい！って。

星野　そうなんです。その泣いていた一人はもともと、海外の大学からのインターン生で、神山のサテライトオフィスがその受け入れ口になって、一緒に神山で生活したんですけど、泣きながら帰りたくないと言っていました。逆に地方から東京近郊に出てきた人たちは、限界集落に近いところからわざわざこちらに出てきたのに、なんでまた限界集落に行かなきゃいけないんだと思っていたりするんですが（笑）。

神山町に事務所を構えるウェブデザイン会社㈱ダンクソフト（©DUNKSOFT、撮影／ Yojiro Kuroyanagi）

日帰りできない「遠さ」がもたらす濃い人間関係

星野　埼玉出身で、神山に移住をして心の底から楽しんでいるような人もいます。その人は、以前から徳島で仕事をしたくて、ジャストシステムという所に勤め、その後、うちの会社に入社して、今は神山のサテライトオフィスで働いているんです。彼はもともとアウトドアが大好きなので、自転車通勤をして、和服で仕事をしているような生活をしているんです。

さきほど大南さんがおっしゃったように、神山にはいろいろな方面で尖った人が多いので、現地スタッフは非常に刺激を受けながら生活している。それを、東京にいる僕らはうらやましそうに見ている。そんな感じですね。本当にいろいろな変化が多い町だと思います。こちらから見ていると、神山は人が少ない割にはいろいろな刺激があったり、日々何かが起こって変化しているような印象を受けます。私たちは、そういう環境を本当にうらやましく思っています。

山崎　全国各地の中山間離島地域にお邪魔すると、それこそさっきの映像作家の菱川さんのように「八重の桜」のタイトルバックをつくっているような人とも、比較的長い時間を一緒に過ごせるんですよね。離島に行ったら、その日はもう船は出ないからとか、もう山を降りられないしということになって、そこに泊まらなければならない状況が生まれる。普段の仕事だったら、一時間や二時間ですぐ次の打ち合わせに飛んでいく感じなんだけど、そういう場所で出会うと、けっこう長い間顔を合わせていられますね。東京や大阪だと忙しく飛び回っている人が、中山間離島地域だとじっくり話を聞いてくれるし、情報交換することができる。そういう意味では、東京に比べて人の数は少ないけど、東京よりずっと長く、深い付き合いができる気がします。

少し角度を変えて僕から質問しますが、仕事で神山に来られた人たちが、仕事以外の日常の生活面で地域に対して何かプラスの影響を与えていることがあったりしますか？

大南　ありますね。田舎ですから、地域の活動として、住民総出での草刈りとか、役回りというやつがあるわけで、そういうことに積極的に参加してくれたり。祭りの時の神輿《みこし》の担ぎ手が過疎化で少なくなっている中に、ぽっと若い人が入ってきてくれたり。とにかく現地はマンパワーが減っているわけですね。そこにエネルギーのある人たちが入ってきてくれるので、受け入れ側としても、地域の人たちも、ある意味いてくれるだけで大歓迎みたいになるところはありますよ。

山崎　雰囲気がちょっと明るくなったりしますね。

大南　一番大きな効果は、地域の人たちが元気になることかなと思います。それだけでなく、神山のサテライトオフィスで働くために神山に新たに入ってきた人も、元気になって東京に帰っていくという話も聞きます。元気になるというのは、来る側、迎える側の両方にある相乗効果みたいなもんかなと思います。

山崎　確かに、僕が関わっていた地域でも、若い男性が何人か来るようになってきたら、集落のおばあちゃんが口紅を付けるようになったんです（笑）。そういういい変化というのはありますね。

Q――移住した人は地域のコミュニティに馴染めますか。地元の方との温度差はありませんか

大南　神山はけっこう、地域の人と外から来た人の関係はスムーズにいっている方ではないかと思います。

その理由の一つとしては、入ってくる時に私たちが審査をしているから、ということがあると思います。
なぜ、わざわざ審査するのかというと、空き家を改修したところに外からの人を迎え入れるわけなんですが、田舎では普通、なかなかよその人に家は貸してくれんわけですよ。それなのに、なぜ貸してくれるかといえば、我々NPO法人グリーンバレーの信用なんです。大南の信用、あるいはグリーンバレーで移住のお世話をしている人の信用で、「あんたらが言うことやから、あの家は貸してあげるよ」と。
ということは、移住者を迎え入れた結果、その信用を裏切るようなことが起これば、信用を担保に空き家を活用して地域を活性化していく仕組み全体がうまく機能せんようになるわけです。だから、自分たちとしてはきちんと、できるだけうまくいくと思われるような人たちを選ぶという姿勢を最初からずっと持っておるわけです。だから今まで、うまく機能してきたのかなと思います。

山崎　なるほど。

大南　グリーンバレーは一人ひとりの方と会って、「この人なら大丈夫」と考えて受け入れる。それじゃあ、地域の人たちはそうして受け入れた人たちのことをどう考えておるんですか、と質問されることがあります。でも考えてみれば、結局、グリーンバレーのメンバーも地域の人です。我々自身が地域の人間やから、他の住民の人たちがどういうふうに考えておるんかということは、ある程度リサーチして把握した上で進めているわけです。だから、けっこううまくいっているかなと思います。

山崎　なかば、後見人とか、保証人みたいな感じですね。

大南　そんな感じでもありますね。

巻き込む人の数ではなく「質」で見る

Q——私の知る地域でも神山のような取組みをしていますが、地元の人は誰も来ないそうです

大南　神山だって、今でもアーティスト・イン・レジデンスに関心のない人、関わらない人は地元にたくさんおります。だけれども、そもそも関わる必要があるのかなと、思います。このような試みは、やりたい人間がやったらええ話であって、「地域ぐるみでやりましょうや」いうこと自体がおかしい。神山のレジデンスも一九九九年に始めて、そこに住むアーティストたちの作品を巡る「アートツアー」を呼びかけたところ、一年目の参加者は二〇人。うち一八人は実行委員会の関係者でした（笑）。

山崎　参加者は実質二人ですね。

大南　翌年になって少しは増えたけれど、それほど比率は変わらなかった。それで三年目になったら、全体で一五人しか来んかったと、減ったりもするわけですよ。だけれども、そういう評価って、一般的には来た人の数で見たがるわけですよね。数がたくさん来たら、「ああ、うれしい、大成功」と思いがち。私は、もうちょっと質的な面を見る必要があるんかなと思っています。

たとえ一〇〇人集まったところで、単なる訪問者だったらどうでしょう。それよりも、二〇人しか来んかったけれども、そのうち二人は、何か町に思いを持ってやって来て、来たことでその人のなかに何かが残ったり、その後の何かにつながる交流が生まれるのであれば、その方が価値がある。行政的には、数がわかりやすいから大成功ということになるけれど、質的なものを見とかんかったら見誤ると思いますね。

山崎　うーん、説得力あるなあ。

大南　こういうことって、地域の人たちが理解をし始めるまでには時間がかかります。しかも、神山はもともと、展覧会いうても一年に一回あるかないかという、現代アートにはまったく素地のなかった場所です。そこに突然、わけのわからん現代アートが舞い降りてくるわけです。地域の人たちは「あんなわけのわからんことをやっても、何もならんのになあ」という、冷たい目ですよ。冷たい目やけれども、私なんかは、冷たい目で見られることの利点は何かと考える。それは、邪魔されんということです。逆に地域住民の関心の高いことをよそから来た人がやり始めたら、絶対邪魔されますよね。だから、興味なんかまったくない、こんなの何の役にもたたん、と思っているようなことであれば邪魔をする気にもならんということです。

山崎　その発想、いいですね。

一〇年続けてみると取り巻く人の心も変わる

大南　そこで邪魔されんわけだから、自分たちの思いをきちんとした形に創り上げていく時間が得られるわけです。それを五年ぐらい続けてみるのが一つの単位。五年間、一つのプロジェクトを続けていけば、何かがちょっと変わってきたよねと、活動しよる人間が変化を感じ取り始めます。でも、その段階ではまだ、周囲を取り巻く地域の人たちには伝わっていません。

　ところが、今度は一〇年経ってみると、その変化が地域の人たちにも見え始めてくる。それは、よそからの情報が入ってくるからなんです。たとえば、神山に住んでいる人が親戚の徳島市内の法事に行って、「今、何やら神山って面白いよね。アーティストも来とって」みたいな話を聞くわけです。そうしたら「あれっ、あんな何もならんって思うてたことを評価する人間が身内にいよる」と感じ始めて、「へえ、そういうことが起こっとるんや」と見直すことになるわけです。

そんなふうに、一〇年も経てば、やってきたことの実績もできてくるから、活動しよる人間にも、まわりの人間にも変化が伝わっていっとる、という状態にまでなるものなんですよ。

山崎　息の長い、大きな視点だ。焦らず、そのぐらいの時間のものさしでやらないと、ということですね。

大南　ところが、だいたいこういうアートのプログラムを構想しても、文化庁や行政の補助金は三年から五年間で打ち切りになるわけです。五年ぐらいたったら、もう独り立ちしてくださいねと。打ち切られた時点では、自分たちもそう大きは変化は感じていない段階なわけです。

そうすると、じゃあ、もうお金は切られることだし、これはやめて、他の何か先進的な企画を探してきてもう一度ゼロからやることにするかということになる。面白そうなことをつまみ食いして、何も根づかんまま次々に衣替えしているうちに、みんなが年を取る。結局、何をやってもうちの町は変化が起こらんかったよねということで、次の世代もまた同じことを繰り返す。

だからとにかく、続けることが大事だと思います。一回目の節目は五年、その次は一〇年。一〇年続けたら必ず何かが変わってきます。そこまで辛抱強く、ただ「楽しく」続けるのが一つの秘訣なんじゃないかな。

山崎　なるほど。それはすごく面白い話だ！　イベントに何人来たのかを気にするよりも、住民の人が全然来なくてもイベントはとにかく続ける。まずは自分たちが楽しんでいればいい。そのうち、何か自分たちのなかで変化を感じる時期が来る。でも、当初まわりにはそれが伝わらない。しかし、徐々にまちの外やメディアで話題になると、まちの人たちも徐々に「あれ、うちの町がやってるのは、価値あることとちゃうか」と思えてくる、と。そのためには、三年や五年で諦めるのではなく、しつこく一〇年くらいは続けてみることが重要で、その間に目に見えない変化が起き続けているということですね。

ものごとは長期的に見る、しつこくやってみる

山崎　そう聞くと、確かに補助金が三年から五年という期限って、惜しい感じがしますね。今の話でいくと、もうちょっと延長して八年ぐらいやっとくと、だいぶ変わってくる段階にまで持っていける。独り立ちするのに五年というのは微妙に短いわけですね。それ以上長くしろというのは、今のご時世で言いにくい部分はあるけれど、本当はもう少し長い方がうまくいくのかもしれません。

大南　そうですね。

山崎　この話は、新しい事業を立ち上げたり会社を興したりする時にも、当てはまる気がします。

僕も二〇〇五年に studio-L の事務所を立ち上げて、最初の五年間は自分たちのやっていることがなかなか伝わりませんでした。二〇一〇年ぐらいまでは、「山崎は『人と人とをつなぐ会社です』とか言っているけれど、あんなもん、誰が発注すんねん」みたいな感じでしたね。確かに、コミュニティデザインという言葉の意味がよくわからないし、よそ者がどこかからやって来て「地域を変えます！」なんて言うわけだから、胡散臭そうな仕事だと思われても仕方がない。自分たちも自信がないと、「本当にこんなことをやっていて意味があるのかな……」と気弱になる。けれど五年ぐらい経つと、「ありがとう」と言ってくれる人が徐々に出てくる。自分たちのなかで、手ごたえを感じるようになってくるんですね。続けていてよかった、というこ

となる。

大南 感覚としては、近いですね。

山崎 まだその時点では、周囲の人たちは相変わらず「お前ら何しとんねん」という目線のままで。周囲の人が僕たちの仕事をちょっと理解くれるようになったなと感じたのは、二〇一一年。つまり六年目ですね。その時にだいぶ変わったなという感覚がありました。だから会社のなかで、何か新しい事業を興す時も、長い目で見てもらえればいいですよね。新しく会社を興す時も、ちょっとしつこくそれをやってみることが大切なのかもしれない。そういう時間感覚がすごく大事なんじゃないかなという気がしました。

Q――グリーンバレーの活動に地元の方を巻き込むために何か工夫されていますか

大南 できるだけ物事を長期的に見るようにしています。人に何か、気持ちを入れ替えてもらえたらと考えている時は、プレッシャーをかけるんじゃなしに、横からじんわりと、「北風と太陽」の物語の太陽のようにゆっくりとまわりを温めていって、徐々にその人の考え方を変えてもらう方向でやっています。

焦らない関係づくりが、副産物を生む

山崎 具体例はありますか？

大南 たとえば、神山の道の駅のすぐ近くに、小高い山があり、その山の北側には、商店街が広がっています。もともとそこは里山で、昔は人の手が入り、非常に管理されておったんで、冬になっても商店街にも日差しが届いておったわけです。

ところが、もう山の木が全然売れん時代になり、人工林で手入れもされなくなって、伸び放題に。すると、商店街には光が届かんようになる。商店街の人たちはうっそうとした森を見上げながら「昔はこの場所も気持ちのええ場所で、冬になっても洗濯物が乾きよった。雪が降ってもすぐに解けよった。だけど今は一回雪が降ったら北側の斜面はずっと雪が残ってしまって、寒い」と不満に思うようになったわけです。

グリーンバレーは森づくりの活動を続けてきて、最初は、山の上のあたりをやっとったんですが、商店街の人たちの「寒い」という声を耳にして、麓の方の手入れをするようになったんです。自分たちで費用を捻出しながら、山の持ち主に「手入れをさせてください」とお願いし、整備を進めていきました。そうすると、少しずつ商店街に光が届くようになり、太陽が戻ってくるようになったんです。

山崎　それは感謝されるでしょう。

大南　そうすると、商店街の人たちは、「今まで役場に話をしても、『あの山は個人の土地だから、役場の力ではどうにもならん』と、何もしてくれんかった。それなのに、グリーンバレーの人たちは自分たちで費用を出し合って山の手入れをしてくれている。商店街が明るくなったし、景色ももとのようにきれいになってきた」と言うようになるんです。すると、どういうことが起こるか。たとえば、その商店街に住む人が老人ホームに入らなければならなくなり、自宅を誰かに貸したいという状況になったとしましょう。普通なら不動産屋さんに頼むんだけど、森のことでグリーンバレーにいい印象を持った人は、「グリーンバレーさんにお願いしておけば、もしかしたらこの町を昔のようなにぎやかな姿に変えてくれる可能性があるかもしれん」と、物件を我々に委ねてくれるかもしれない。でも、委ねてくれないかもしれんわけです。

山崎　不確かだけれども、可能性は高まると。

大南　もし、委ねてくれないとしても、その時は、「いや、おばあちゃんの判断は自分の判断だから、一番重要だと思いますよ」と、その判断を尊重する。だけど、たまたま我々に委ねてくれたとすれば、自分たちが思い描く方向に少しでも近づいていけるということですよね。だから、そのぐらい長いスパンで物事を考えることで、結果的に思いがけない副産物が生まれてくることもある。そういうことだと思っています。

山崎　すごい太陽政策！　大南さんたちは、まさに太陽ですね。それに比べると、僕なんかは、まだ人間が練れてないな（笑）。大南さんの姿勢に学びたいです。

Q――次世代を担うまちづくり活動のリーダーや後継者の育成をどのように考えていますか

大南　今、日本の地方には二つの循環が必要だと思います。一つは、地域における世代間の循環です。神山で生まれ育った子たちが神山に帰ってくるようにする。この循環が今、か細くなってきています。過疎化のせいです。だから、地域内の世代循環だけでは、その集落あるいは地域は維持できない。そこでもう一つ必要になるのが、外からの循環です。神山では、サテライトオフィスに入居する企業やアート活動等で移住してくれる人たち等の外からの循環を創り出そうとしてきたのです。

ブレークスルーのヒントは先入観のない移住者の「つぶやき」

山崎　そういう循環から、次の人材が生まれてくると？

大南　今、グリーンバレーで中心的に動いておる人間は五五歳から六五歳ぐらい。七〇歳の人もいます。それに続く世代は、僕らの子どもの世代であり、二五歳から三五歳ぐらいなんです。過疎化の影響で四五歳から五五歳の層がすっぽり抜けている。だからその一番手薄になっておる層を補うように、移住者やサテライトオフィスで入ってきたベンチャー企業の社長、IT技術者なんかが埋めてくれています。ひとまず外部の人材の手を借りて世代の中継役を果たしてもらい、次は移住者の子どもたちと、神山の地域での生まれ育った子どもたちとが一緒になって、「次の次」の世代にバトンタッチしていく形が望ましいと思います。

そのためにも、とくに四〇代ぐらいでバリバリ仕事のできる人たちにたくさん来てもらうよう、その層へのアプローチを強化しておって。だから、次のグリーンバレー理事長はたぶん、移住者か、あるいはサテライトオフィス関係者のなかから生まれるんじゃないかと思います。

Q——まず夢を描き、逆算して考えるとのことですが、今、神山町の未来をどう描いていますか

大南　一つは、農林業の再生です。まぎれもなく日本の地方は農林業で成り立ってきた。これを立て直さんかったら、地方に未来はない。ところが、僕らみたいに神山で育ってきた人間や、限界集落で農業をしよる人たちは、農業自体に限界線を引いてしまいがちです。厳しい条件で農業を続けとっても無理なんやと。だから、都市部から農業を志してきた人には必ず「やめとけ」と言う。子育てもできんぞ、と。

神山のサテライトオフィスって企業誘致だという見られ方がほとんどですが、狙いは違うんです。人材誘致なんです。品川とか六本木ヒルズで働いている人が、サテライトオフィスとして利用するために神山に働きに来る。彼らは本来、限界集落に入ってくるような職種の人じゃない。ところが、偶然にこのサテライト

オフィスという橋が架かって、これまでは限界集落の存在も知らんかった人たちが入ってきた。彼らには限界集落に対する刷り込みがなく、まっさらな目で中山間の農業や林業を見る。いつか、その人たちが必ず何かをつぶやき始めると思います。そのつぶやきがたぶん、農林業のブレークスルーを起こすと信じています。

山崎　すごい先を見据えている！

大南　できるだけ先入観を持たない、固定観念を持たない、まったく真逆な環境から来た人たちに神山のありのままを見せることによって、地元にいる自分たちが気づかず、見落としておったものを見つけてもらおうと。新しく入ってくるITの人たちに期待しているのは、ITのテクニックじゃない。先入観を持たない人間に農業がどう映るのか。問題解決のヒントを残してくれるんじゃないかと。そこの部分なんですね。

過疎化・高齢化のモデルを日本の輸出品に

山崎　もう一つの未来像は？

大南　過疎化、高齢化に負けない社会のモデルづくりです。過疎化、高齢化は非常につらい問題です。そのつらい問題を、ただ「つらいよね」と眺めておっても何も問題は解決せんですね。だから、先ほど申し上げた、「マイナスのプラスを見る」という視点で考えています。過疎の問題において、普通はマイナスと考えられていることのプラスは何か。たとえば、東京にドイツ連邦政府の学術研究機関である「ドイツ－日本研究所（DIJ）」というのがあります。その研究所が、二〇一三年あたりから神山に研究員を送り始めています。なぜかというと、ドイツは二〇二五年に高齢化率が二五％を突破するらしいです。一方の神山は四六％。

山崎　お手本ということですね。

大南　そういうことかなと。今、四国の中山間にある神山の状況は、一〇年後の日本の都市部周辺の姿です。そして、三〇年後の欧米の姿であり、五〇年後のアジア新興国の姿になるわけです。だから、こういう状態というのを、「過疎で人口が減って高齢化してつらいよね」と見るのか、あるいは逆に、「世界の未来がここに見えておる」と見るのか。後者の方が、何かワクワクしませんか？

山崎　ワクワクします。

大南　もし、そういう中山間で過疎化・高齢化を乗り越えていく新しいモデルが生まれたら、五〇年後の日本の輸出品が、もしかしたらそういう課題に対するノウハウの提供やコンサルティング等になるかもしれない。欧州やアジアが直面する課題の解決法が輸出品になる可能性もある、と私は思います。だから、マイナスばかり見るなということです。マイナスのプラスをずっと見続けておったら、そこに新たなものが生まれて、新しい変化というのを起こしていけるんじゃないかと思っています。

Q——国交省の者です。都会は便利で合理的ですが地方や中山間離島地域を元気にする意義は？

大南　たとえば、冒頭で申しあげたように、山の上の集落の人たちから「不便だから道路をつくってほしい」と頼まれて、道路をつくる。でも実際に道路が開通すると引っ越しが容易になり、その人たちは、まさにその道路を使って都市部へ移り住んでいったわけですね。戦後の日本の姿を物語っていると思います。

キーワードは「便利」です。日本人は戦後ずっと、便利という言葉に象徴されるものを追求してきました。他の国の国民よりは「便利」という言葉をよく使うのではないかと思います。たとえば昨年（二〇一三年）、渋谷駅で東急東横線と地下鉄がつながりました。便利になりました。すると人がまた、そこに集中する。それで不便になる。じゃあ不便になったら、今度は新線をつくろうよということで、新しい線をつくっている。この動きって、ハツカネズミが回し車のなかで便利を求めてずっと回転しよるのと同じことだと思いますね。際限がありません。この流れはいつかブツッと切る必要があります。

山崎　そのための具体的な方向性は？

大南　東京は人も機能も集中し過ぎとるから不便になっているのであって、だったらこれからは分散したらいいという話になる。いろいろな力を持っとるのに、東京にいたらそれを生かしきれん人たちがたくさんおります。ところが、地方はそういう人を求めているのに、そういう人にはなかなか入ってきてもらえない。だから、そういう人たちを地方に分散することによって、東京が便利になる。そうすれば、国として、バランスのいい環境になると思います。集中することで得られる便利さから、逆に分散することで得られる便利さという方向に頭を切り換えて進んでいくべきだと。

山崎　人口を集中させて、スケールメリットを最大限に活かし、便利な生活を実現させようとしてきた日本。しかし集中しすぎた地域は逆に不便になってしまっている。そういう地域は、少し人を分散させた方が便利になるわけですね。じゃ、分散する人はどこへ行くのかというと、若い力を必要とする地方で活躍する。そういう世代を喉から手が出るほど欲しがっている地域へ行く。日本の総人口を増やして国力を高めようと叫ぶ前に、分散によって国力を高める努力をした方がいいのかもしれませんね。

（二〇一四年一月一四日）

REVIEW

6

楽しみながら待つことの難しさ

印象的だったのは「五年以上続けよ」という話。大南さんたちの取り組みは五年目まで不安定で認知度も低く、賛同者が少なかったという。ところが六年を超える頃から状況が変わる。周囲が認めてくれて、賛同者や協力者が増えて、次々と新しい事業を展開することができるようになる。信用して空き家を貸してくれる人も増えてくる。だから新しいプロジェクトは五年以上続けることが重要だという。そのとおりだと思う。

会社のなかで新規事業を立ち上げた場合も、地域で活動団体を立ち上げた場合も、五年以上続けることが大切だ。最初の五年間は無視されることが多いだろうし、批判されることも多いだろう。明確な成果が見えず、このまま続けても意味がないのではないかと感じることも多いはずだ。それでも続けていると、六年目くらいから少しずつ状況が変わってくる。僕がコミュニティデザインの仕事を始めた時も同じだった。五年間は無視され、理解されず、批判され、邪魔されることもあった。それでも続けていると、六年くらい経ったあたりから理解者が増える。「最初からあんたの活動を応援していたのよ、心のなかで」と言ってくれる人が出てくる。「そうだったのか。それなら心のなかじゃなくて言葉にして応援してほしかったな」等と思う。七年目くらいで「このやり方で間違っていなかったんだな」という確信に変わる。大南さんと話していても同じような印象だという。神山町での活動も、五年、七年、一〇年が節目の年だったようだ。

最初の五年は誰も応援してくれていないような気がする。しかし実はじわじわと賛同者が増えている。でも実際に声に出して応援してくれないので、脈がないと思ってプロジェクトを途中で終えてしまうと、せっかく増えかけていた賛同者たちはがっかりする。そして霧散してしまう。だからなんとしても最初の五年はプロジェクトを続けることが重要なのである。

もう一つ興味深かったのは、移住してくる人たちをコミュニティの人たちが審査しているという点である。

大南さんたちも地元住民であるという立場から居住者の面接をしている。自分たちが移住を許可した人が都合の悪いことをしてしまうとＮＰＯグリーンバレーの信頼が低下する。だからこそ本気で居住者を面接する。移住を許可するということは、後見人的な存在になるということに近いようだ。馬場さんがＲ不動産というコミュニティで実践していたのもこの方法であり、柳澤さんのカヤックも同じようになるべく多くのスタッフと会って面接してもらい、みんなで「この人なら大丈夫だ」と思える人を仲間に入れている。こうした方法は大企業の面接や大都市のコミュニティとは違うものだといえよう。一見、非効率な方法のようだが、「つながり」を重視した仲間集めは結果的に長く付き合える人を見つけ出し、ふりかえればかなり効率のいいコミュニティ形成だったということになるのだろう。studio-L への合流を希望する人にも適用したい方法だ。

アフリカの古いことわざに「早く行きたければ、一人で行きなさい。遠くまで行きたければ、みんなで行きなさい」というものがあるそうだ。居住者を面接して少しずつ仲間を増やしていく方法は、時間がかかるように見えて、実は長続きするコミュニティを形成するために必要なプロセスだと言えよう。みんなで遠くまで行くことを目指していれば、五年間の無視や非難を乗り越え、六年目以降の変化を楽しむ方がいいだろう。大南さんが見据えている未来は遠いところにあるのかもしれないが、ともに歩む仲間を着実に集めているような気がする。

一見、効率が悪そうで実は効率がいいこと。マイナス面だと思うことのなかにあるプラス面を探ること。大南さんはこうした視点を持つ人だ。メリットがあると思って集合することのマイナス面と、逆に分散することのプラス面を理解すること。時代が変わる時には、こうした視点がますます重要になることだろう。これまでプラスだと思っていたことが軒並みマイナスになっていくのが時代の転換点なのだから。（山崎亮）

おわりに

「ハードワーク！　グッドライフ！」。本書のタイトルもまた、これまでの本と同じく編集者が提案してくれたものに従った。対談のなかで、駒崎さんは「ハードワーク・ハードドライフでいきたい」と述べている。当然のことながら、この時の「ハードワーク」は、かつての「モーレツ社員」をイメージさせるものではない。ファッションブランドの「グローバルワーク」が出版する同名の雑誌の創刊号（二〇一一年）で、同誌の編集長に就任した水島ヒロさんと経営学者の米倉誠一郎さんが対談しているのだが、ここでも「今こそ、ハードワークを」がテーマになっている。最近、「ハードワーク」という言葉に新たな可能性を感じる人が増えつつあるのかもしれない。かく言う僕も、新しい輝きを持ちつつある「ハードワーク」という言葉に魅力を感じている。

「グッドライフ」については、何度も言及してきたとおりである。ジョン・ラスキンや内村鑑三の言葉を出すまでもなく、僕はこれまで「善き人生」とは何かを考えながらコミュニティデザインの仕事に携わってきた。そして、「グッドライフ」を考えれば考えるほど、「ハードワーク」、つまり熱心に働くことについて考えるようになった。また、仲間とともに熱心に働くための仕組みを考えるようになった。朝日新聞の諸永裕司さんから連続対談の企画をもらった際、働き方というテーマを提案したのはこうした背景があったからだ。

六人のハードワーカーとの対談は、全て品川駅近くにあるコクヨの「エコライブオフィス品川」で行われた。参加者は毎回六〇人程度で、大企業の社員から個人事業主まで様々だった。毎回のプログラムは以下のとおり。まずはゲストから生い立ちや活動内容や働き方について講演してもらう（四〇分間）。次に参加者が六人ずつのグループに分かれ、ゲストに投げかける質問について話し合う（二〇分間）。その後はグループからの質問にゲストが答えていく（六〇分間）。こうして二時間の対談を終えた後は、食事をしながらゲストと交流してもらう。毎回、楽しく刺激的な時間を過ごすことができた。

一連の対談を文章化してくれたのはライターの古川雅子さん。その内容を再編集し、書籍化してくれたのは学芸出版社の井口夏実さん。装丁はＵＭＡの原田祐馬さんが担当してくれた。井口さん、原田さんとは、もう何度も一緒に仕事をさせてもらった。二人とも善きハードワーカーである。

六人六様の働き方からは、多くの刺激をいただいた。とても感謝している。伝統的な農村型コミュニティが成立しにくくなり、それをモデルとして生まれた大企業コミュニティも組織運営が困難になりつつある今、六人のゲストが示してくれた新しい組織運営が大企業コミュニティの運営にヒントを与えることになるかもしれないし、農村型コミュニティの運営に新たな風を吹き込むことになるかもしれない。六人からいただいた知見を無駄にすることなく、コミュニティデザインの現場で積極的に活用していきたい。

本書が、あなたの働き方や生き方をいい方向に変えるきっかけになれば幸いである。それぞれの職種や価値観に応じて、新しい働き方が発明されることを楽しみにしている。本書を書き終えた今、僕はさらに詳しく「働き方」について調べてみたいと感じている。そして、機会があれば「新しい働き方」を実践されている方々を取材させてもらい、その内容を次の本にまとめてみたい。その時、取材先の本棚に本書を見つけることを夢見つつ、今回はこの辺で筆をおくことにする。

二〇一四年八月　山崎亮

ハードワーク！ グッドライフ！
新しい働き方に挑戦するための６つの対話

2014年10月1日　第1版第1刷発行

著　者………山崎亮・駒崎弘樹・古田秘馬
遠山正道・馬場正尊
柳澤大輔・大南信也

発行者………京極迪宏

発行所………株式会社 学芸出版社
京都市下京区木津屋橋通西洞院東入
電話 075－343－0811　〒600－8216

編集協力……古川雅子・諸永裕司

装　丁………UMA/design farm
印　刷………オスカーヤマト印刷
製　本………山崎紙工

ISBN 978－4－7615－2577－4